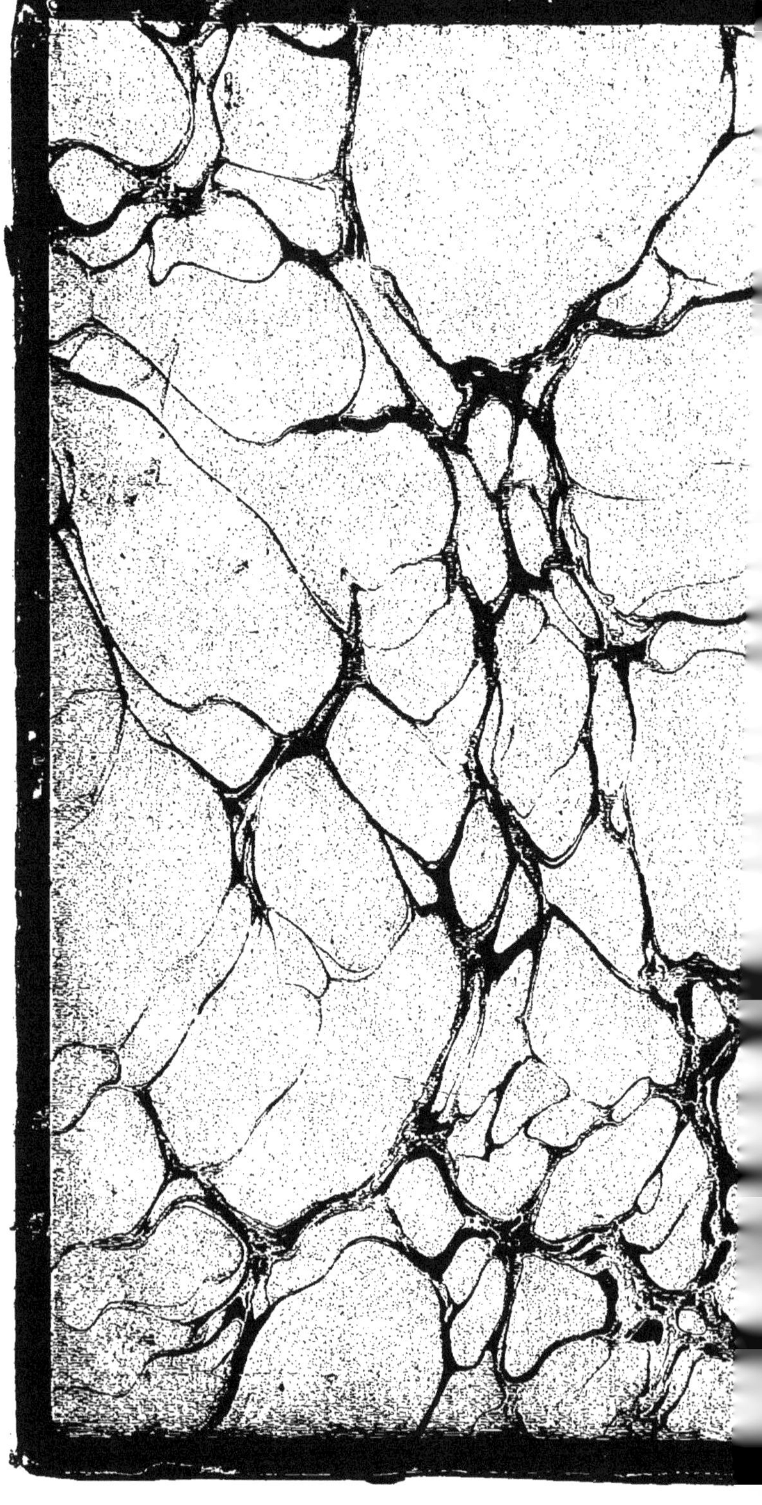

AVENTURIERS DE GÉNIE

EUGÈNE FASQUELLE, ÉDITEUR, 11, RUE DE GRENELLE

OUVRAGES DU MÊME AUTEUR

DANS LA **BIBLIOTHÈQUE-CHARPENTIER**

à **3** fr. **50** le volume

LA POLICE PARISIENNE

Le Service de la Sûreté, 13e mille	1	vol.
Mon premier Crime, 10e mille	1	—
Un Joli Monde, 21e mille	1	—
Gibier de Saint-Lazare, 11e mille	1	—
Mes Lundis en Prison, 7e mille	1	—
Mon Musée Criminel, 11e mille	1	—
Lazarette, 6e mille	1	—
Un Cent-Garde, 6e mille	1	—
Crimes Impunis, 5e mille	1	—

Soc. anon. de l'Imprim. Kugelmann (G. Balitout, directeur),
12, rue de la Grange-Batelière, Paris

LA POLICE PARISIENNE

AVENTURIERS DE GÉNIE

PAR

G. MACÉ

ANCIEN CHEF DU SERVICE DE LA SURETÉ

DEUXIÈME MILLE

PARIS
BIBLIOTHÈQUE-CHARPENTIER
EUGÈNE FASQUELLE, ÉDITEUR
11, RUE DE GRENELLE, 11

1902

PRÉFACE

Les titres de mes ouvrages ont toujours été justifiés et les « Aventuriers de génie » forment, complètent, le « Joli monde » ; car, au lieu de passer en revue les escrocs vulgaires qui exploitent les gens crédules, les badauds, les naïfs et les amoureux de la foule, le lecteur fera cette fois connaissance avec des individus d'origine étrangère et doués d'une hardiesse peu commune. La plupart de ces cosmopolites se sont faufilés dans les ministères, les ambassades, les administrations publiques et ont pu rouler *certains de nos hommes politiques en mettant au défi la police et la justice de pouvoir les poursuivre. Ils étaient d'autant plus dangereux que, sous le prétexte de missions secrètes, ils avaient organisé un nouveau système d'espionnage international, et touchaient ainsi aux grandes forces vitales de la nation française. On verra que ce monde brillant, très mélangé, pittoresque et souvent étrange, se tient sans aucune*

espèce d'attache sérieuse, mais pourrait être assimilé aux trois physionomies que j'ai dépeintes du Paris de la rue de Rivoli.

Rien de plus intéressant à analyser que ces carrières de chevaliers d'industrie : faux consuls, barons, marquis, ducs, princes, rois, que furent momentanément Scanderberg, Mosquitos, Bustelli-Foscolo, Ostanick der Marcariantz, Tscherniadieff et qui, n'ayant ni patrie ni budget, riches seulement de fortunes... lointaines, s'imposèrent dans les plus grandes capitales européennes et jouirent de la vie en grands seigneurs.

Ils sont non moins curieux à étudier ces types de voleurs qu'ont été Biguez, Bourbaud, Marodès, le colonel Gaston et la fille Janes Glay.

Cette documentation vécue sur tous ces aventuriers de génie aux dehors séduisants, affublés de noms illustres, de titres superbes, pourra je l'espère mettre en garde les honnêtes gens qui se laissent trop facilement séduire par cette vermine dorée, dont les moyens d'existence sont basés sur le mensonge, la ruse et l'espionnage.

Champigny (Seine), septembre 1902.

LA POLICE PARISIENNE

AVENTURIERS DE GÉNIE

CHAPITRE PREMIER

La rue de Rivoli

Paris ressemble à un gigantesque kaléidoscope, sans cesse en activité. Il ne s'endort jamais, se transforme toujours, et, renouvelant sa monographie, permet à ses admirateurs de lui trouver constamment des aspects nouveaux, exempts de monotonie.

Cette incomparable ville possède le plus vaste champ d'étude qu'on puisse offrir à l'esprit du penseur ou au talent de l'artiste. Aussi, le pinceau, le crayon, la plume, sont-ils insuffisants pour peindre, dessiner et décrire les mœurs et les coutumes des gens qui font de Paris leur résidence habituelle.

Chacun de ses vingt arrondissements, de ses

quatre-vingts quartiers a, le matin et le soir, son existence propre, son cachet particulier, son « grouillis » spécial dans un tableau qui constitue son trait caractéristique. L'après midi, le coup d'œil varie d'heure en heure; la fusion s'opère, et ses artères centrales charrient une foule agitée, fiévreuse, disparate, qui donne dans ses remous un bruit de marée montante.

Mêlé à cette cohue de marionnettes vivantes, un observateur attentif, clairvoyant, y constatera la présence de tous les mondes, comme à un bal populaire de l'Hôtel de Ville. En quelques heures, du bois de Vincennes au bois de Boulogne, ce même observateur, en parcourant la rue de Rivoli, pourra passer la revue du Paris agissant; car, cette voie stratégique, mesurant 3,000 mètres de longueur, est une imposante ligne de communication à explorer. Elle traverse la capitale dans son centre, de l'est à l'ouest; relie ainsi la place de la Concorde à la place de la Bastille; les Champs-Elysées à la rue du Faubourg-Saint-Antoine; l'Arc de Triomphe de l'Etoile aux Colonnes de l'ancienne barrière du Trône; et l'avenue du Bois-de-Boulogne au cours de Vincennes. Cette promenade agréable, instructive, lui permettra de comparer sans peine, de juger sans effort « Trois Paris », absolument dissemblables; et, ce qui aura pour lui un attrait particulier, c'est que ces trois Paris se tiennent, s'enchaînent, sans aucun point de ressemblance.

L'unité de ce contraste forme le plus curieux des panoramas animés.

Le « Premier Paris » comprend les rues et faubourg Saint-Antoine, coupés par la place de la Bastille. Ces deux importantes voies publiques représentent des groupes de travailleurs, où les badauds forment l'exception. C'est une admirable ruche en travail. Entrepôts, usines, fonderies, laboratoires, ateliers, y sont installés dans chaque maison. A chaque étage l'on entend le pan-pan des marteaux, le grincement des scies, le bruit des outils tournant le bois, polissant le marbre, aplatissant les métaux. A l'heure des repas, la chaussée, les trottoirs sont garnis par les ouvriers, les ouvrières, les apprentis des deux sexes et les marchands de quatre-saisons. Des réunions s'établissent ayant un air de famille, et dans ces tableaux populaires, très pittoresques, on sent, on respire l'existence d'artisans courbés sur l'établi et voués au travail manuel.

Généralement, les faubourgs de Paris ont l'aspect de petites villes ; mais, le faubourg Saint-Antoine figure en raccourci la grande Cité parisienne. Il a, comme elle : hôpitaux, hospices, écoles, couvents, orphelinats, maisons de santé, églises et casernes. L'hôpital Saint-Antoine reçoit les malades adultes ; la maison des Quinze-Vingts est consacrée aux aveugles, et l'hôpital Trousseau est réservé aux enfants.

Pour satisfaire aux exigences d'une aussi importante population où la gêne domine, il a fallu multiplier les établissements charitables ; ceux-ci ne chôment jamais. Néanmoins, ils ne peuvent arriver à soulager toutes les misères, dont certaines sont souvent engendrées par l'inconduite. Il faut accepter l'ouvrier parisien tel qu'il est, avec ses qualités et ses défauts : travailleur, intelligent, il a l'esprit prime-sautier, la répartie prompte, la gaieté bruyante ; mais, son labeur terminé, le cabaret l'attire ; il y pérore, en s'empoisonnant le corps, par de mauvais alcools, et l'esprit, par des théories politiques subversives.

Pour oublier les soucis journaliers des heures laborieuses, cette armée de travailleurs de tous les âges, de toutes les professions, de toutes les misères, va, les dimanches et les fêtes, prendre le repos bienfaisant d'un bain d'air et de soleil au bois de Vincennes ; promenade admirable si appréciée par les habitants de ce faubourg populeux.

Le bois de Vincennes a les mêmes distractions que le bois de Boulogne ; mais il est plus agreste, plus démocratique, et ceux qui le fréquentent ont l'humeur plus joyeuse. Les divertissements ne manquent point ; car, en dehors de son vieux donjon, il possède : champs de courses, vélodromes, ferme modèle, îles, lacs, chalets, kiosques, maison forestière, jardin d'arboriculture, jeux de boules, musiques militaires, restaurants, cafés. Ses ombrages, ses clairières, ses bosquets sont hospitaliers pour les soldats, les servantes et les amoureux en quête d'une solitude... intime et mystérieuse. Les omnibus de famille, les chars-à-bancs, les carioles, qui remplacent les voitures luxueuses du bois de Boulogne, contiennent des paniers remplis de provisions, que les amants de la nature, las de Paris, absorbent en plein air, sur des tapis de gazon. A ces repas champêtres, se joignent les rires, les chansons gauloises et même la danse : c'est la gaieté réelle qui circule, la joie de vivre réjouissant le cœur humain. Ici ce n'est pas, comme au bois de Boulogne, l'or qui fait les frais du plaisir.

La rue de Rivoli, sous des aspects divers, offre la physionomie d'un « Second Paris ». Elle marque, plus que les autres voies parisiennes, les transformations qu'il a subies, car la vie moderne s'y révèle de toutes les manières. Cette artère centrale sert graduellement de trait d'union entre l'ancien et le nouveau Paris. A son extrémité, du côté de la rue du Faubourg-Saint-Antoine, se trouvait la cité des seigneurs d'autrefois avec leurs somptueux palais, que l'industrie et le commerce ont envahis. A l'extérieur de ces habitations remarquables, aux superbes allures, on admire encore, entre des enseignes d'emballeurs, de fabricants de stores, d'articles de quincaillerie, la finesse et la beauté des ornementations. Ces grands hôtels, au caractère majestueux, semblent souffrir de l'étroitesse que leur infligent les petits locaux, agencés dans l'ampleur de leurs appartements royaux. Au milieu de vastes cours d'honneur, s'étalent des poteries, de la vaisselle, des barres de fer, du zinc en feuilles, des tuyaux de plomb. Sur les marches d'escaliers aux rampes habilement forgées, on cloue des caisses; des linges, des étoffes pendent aux balcons fleurdelisés, et aux vitres des hautes fenêtres sont accrochés les échantillons d'outils, appropriés aux différents corps d'état, de ceux qui occupent aujourd'hui ces nobles et antiques demeures.

Les enseignes fichées sur les murs, les outils suspendus aux vitres représentent les nouvelles armoiries du peuple souverain. La disparition du monde princier, d'église, d'épée, de petits seigneurs, de grandes dames, a fait place à de multiples industries. L'hôtel de Sully, et ce qui reste de l'ancienne splendeur du Palais des Tournelles, séjour de prédilection de Charles VII, et où Louis XII mourut, ont maintenant pour façades

des boutiques de crémerie, d'épicerie, de cordonnerie.

Si dans ces demeures, pleines de souvenirs, la France a vécu longtemps là, l'Hôtel de Ville, construit en bordure de la rue de Rivoli, rappelle également l'histoire de nos guerres civiles. Il sert toujours de théâtre au peuple, aux époques mouvementées. C'est là aussi qu'il sacre ses créatures politiques, en imposant sa souveraineté formidable.

Parmi les métamorphoses qui ont amené les embellissements de Paris, la Tour Saint-Jacques, vénérable monument, chef-d'œuvre d'architecture du moyen âge, a été, comme son voisin l'Hôtel de Ville, le témoin d'aventures aussi nombreuses que singulières. Sur la place qui l'entourait, se trouvaient des constructions variées de formes, dans lesquelles se tenait la Bourse des marchands de vieux habits et de vieux galons.

Le long du beau square, la rue de Rivoli traverse le boulevard Sébastopol, l'un des centres d'activité les plus importants du monde des affaires commerciales et industrielles de la métropole. A partir de deux heures de l'après-midi, jusqu'à sept heures du soir, la circulation y est compromise, et, comme la vie est dans l'action, Paris, à ce grand carrefour, prouve qu'il sait vivre. Il doit surtout cette énorme vitalité à sa proximité avec les Halles Centrales, dont les approvisionnements immenses, les expositions de marchandises différentes, les débits en gros et en détail d'objets d'une utilité première en font une des merveilles de la capitale. Ces Halles sont particulièrement curieuses à l'heure matinale des transactions, faites par ventes à la criée.

Les vieux Parisiens se souviennent qu'avant 1850, ce qu'on appelait « la Halle » n'était autre que le Marché des Innocents ; c'est-à-dire, un ensemble de petites baraques, au milieu desquelles était placée la jolie fontaine des Nymphes, dont la partie décorative fut exécutée par le sculpteur Jean Goujon, et la partie architecturale, par Pierre Lescot. Ce petit chef-d'œuvre, plus connu sous la désignation de « Fontaine des Innocents », est maintenant au centre d'un gentil square où viennent se divertir les enfants du quartier.

Non loin de là, se trouve la rue de la Ferronnerie, où, le 14 mai 1610, Ravaillac assassina Henri IV. La borne historique sur laquelle le régicide posa le pied, pour s'introduire dans le carosse royal, a disparu à la suite de l'élargissement des voies qui entourent les nouvelles Halles Centrales.

Dans ce deuxième Paris, devenu l'âme du commerce, et qui s'étend jusqu'à la place Vendôme, on peut y voir un mélange d'industries, où les marchands, les spéculateurs, les commis et les demoiselles de magasin sont aussi occupés que les travailleurs des rues et faubourg Saint-Antoine; mais, tous ces gens de négoce sont beaucoup plus heureux que la plèbe du premier Paris. Le dimanche, à défaut de maisons de campagne, les patrons et les employés vont, à leur choix, selon leurs moyens, se divertir soit au bois de Boulogne, soit au bois de Vincennes.

Pendant des siècles, la royauté a résidé aux environs de la place de la Bastille. C'était donc là que battait le cœur de la France. Maintenant, l'esprit et la raison de cette même France siègent aux alentours de la place de la Concorde, où sont réunis les grands pouvoirs législatif, exécutif et judiciaire. Son nouveau régime, en changeant de forme, de milieu, de mœurs, devait entraîner avec lui tout ce qui s'y rattache.

A l'aristocratie de naissance succéda l'aristocratie bourgeoise, et celle-ci, à son tour, fit construire aux Champs-Elysées, au parc Monceau, au Cours-la-Reine, de beaux hôtels, de grandes maisons possédant tout le confort que peuvent donner les raffinements de l'art, de la science et de l'hygiène, pour rendre la vie facile et meilleure.

Mais, ces jolies bâtisses, soumises aux exigences du bien-être, n'ont pas la magnificence d'aspect, le cachet de grandeur que possédaient les résidences élevées, vers la place de la Bastille, par les princes et les hauts seigneurs des temps passés ! C'est donc à son autre extrémité, et après le Louvre, le Palais-Royal, le Théâtre-Français, les pavillons des Tuileries et la rue de la Paix, que la rue de Rivoli, la place de la Concorde et principalement les Champs-Elysées peuvent constituer le « Troisième Paris », celui qui, tout en travaillant moins que les deux autres, s'enrichit plus vite et se divertit davantage.

Les Champs Elysées conduisent directement à l'Arc de Triomphe et à l'avenue du Bois-de-Boulogne, garnie de jardins, de coquettes villas et d'hôtels princiers. Cette avenue a des allures magistrales, avec sa triple voie qui fait à la fois la part des piétons, des cavaliers et des voitures. Elle mène à cet immense parc, appelé bois de Boulogne, et dont le nom seul évoque l'idée de toutes les distractions que la ville a pu y accumuler tels que : tirs, champs de courses, Jardin d'acclimatation, patinage, cyclisme, automobilisme et sports de tous les genres.

Bois, ou parc, c'est un site enchanteur, qui deviendra vraiment féerique, lorsque l'électricité aura remplacé son éclairage actuel. Il sert de rendez-vous général à l'aristocratie nouvelle; aux sommités artistiques, littéraires, politiques et financières. De trois à six heures de l'après-midi, c'est un défilé interminable d'amazones, de cavaliers, d'équipages, représentant le luxe, l'élégance, la richesse, l'oisiveté, et où apparaît, au milieu de cet étalage de vanité humaine, la création de toilettes décidant de la mode. Mode capricieuse, souvent ridicule, qui fait sentir son influence sur les gens satisfaits de se maintenir dans les fantaisies du jour.

Nonchalamment étendues sur les moelleux coussins de voitures fabriquées par nos meilleurs carrossiers, des filles, appartenant au monde où l'on s'amuse, et parlant les langues anglaise, allemande, russe, espagnole, italienne, spécialisent le « discret levage » de l'étranger, qui est toujours agréablement séduit par la rencontre d'une femme comprenant son idiome natal et faisant de l'amour de circonstance un passe-temps... intéressé. Ces marchandes de sourires, ces momentanées, ont leur classement chez les proxénètes, et leur dossier, constamment tenu en réserve, aux archives spéciales du préfet de police, recèlent de bien vilaines choses ; car elles contribuent à la dépravation publique, en offrant aux jeunes gens, comme aux vieillards, des plaisirs faciles et coûteux.

Nous venons de montrer « Trois Paris » d'une comparaison facile à établir, par le spectacle qu'offre, à ses extrémités, la rue de Rivoli.

De deux à sept heures de l'après-midi, le Paris de la place de la Concorde connaît à peine le Paris de la place de la Bastille, et, à cette période de la journée, ces deux voies monumentales forment la plus saisissante des oppositions.

A l'est, sur la bruyante et spacieuse place de la Bastille afflue le mouvement ; c'est une circulation intense et continuelle de voitures, de bicyclettes, d'automobiles et de piétons, débouchant du boulevard Beaumarchais, des rues et faubourg Saint-Antoine, des rues de Charenton, de la Roquette, de l'avenue Daumesnil ; des boulevards Bourdon, Richard-Lenoir, de Contrescarpe, Henri-IV; des rues Biscornet, Jacques-Cœur, Jean-Beaussire, de la Bastille, de Lyon, des Tournelles et de Lesdiguières. En y ajoutant la navigation du canal Saint-Martin et l'activité que donne la gare du chemin de fer de Vincennes, construite sur l'ancienne cour de la Juiverie, on peut se faire une idée du va-et-vient perpétuel de foule qu'offre cet immense carrefour, dont la Colonne de Juillet semble être, pour la fourmilière humaine, le magistral poteau indicateur.

C'est l'image de la vie quotidienne et en marche du travail pour les déshérités de la fortune, les gens pauvres, les ouvriers au linge sale et aux mains noires.

A l'ouest, sur l'aristocratique place de la Concorde, autour de l'obélisque de Louqsor, placé entre deux fontaines jaillissantes, et encadré par des statues personnifiant les principales villes de France, viennent aboutir les rues de Rivoli, Royale, Boissy-d'Anglas, les avenues Gabriel, des Champs-Elysées, le Cours-la-Reine, les quais des Tuileries et le pont de la Concorde.

Ordonnancée avec art, cette place fait l'admiration des étrangers par son merveilleux décor, dans lequel circulent plus de voitures que de piétons. A son tour, elle donne l'image de la vie quotidienne et en marche, mais des privilégiés du sort, des heureux, des puissants au linge propre et aux mains blanches, dont l'existence de parade est consacrée surtout au plaisir.

Nous venons de décrire trois Paris qui, en réalité, n'en forment qu'un seul. Si nous avons pris la rue de Rivoli pour mieux les définir, c'est qu'elle trace, plus nettement que les autres parties de la métropole, le monde du plaisir, le monde du négoce et le monde de la production.

Eh bien ! ce Paris que Victor Hugo dénommait la « Ville-Lumière » sert de refuge favori aux gens toujours en lutte avec les lois générales du pays ; c'est du reste l'apanage des grands centres de population et les célébrités du crime, les personnes tarées, incorrigibles, proclament que Lyon, Marseille, Bordeaux, Rouen, le Havre, Lille, sont des endroits sûrs où ils peuvent, au milieu de la foule anonyme des passants, manœuvrer avec aisance et se soustraire facilement aux recherches de la police. Les escrocs, les filous, les faussaires de marque, ajoutent même que Paris est la plus belle des forêts françaises, car on peut s'y cacher et vivre de la société, à la manière des brochets dans un étang.

L'expérience pratique a souvent démontré la justesse de cette observation. La rue de Rivoli et ses affluents vont une fois de plus encore en fournir la preuve, puisque nous allons y cueillir nos *Aventuriers de génie.*

CHAPITRE II

Panier de pêches à quinze sous

Au deuxième acte du *Demi-Monde*, M. A. Dumas, après avoir dépeint la maison de la vicomtesse de Vernières et les habitués de son salon, démontre que, parmi tous les personnages aux dehors brillants, il en est beaucoup qui cachent des dessous malpropres, et par l'ingénieuse comparaison suivante, il ajoute :

« Entrez chez un marchand de comestibles, et demandez-lui ses meilleures pêches. Il vous montrera une corbeille contenant des fruits magnifiques, posés à quelque distance les uns des autres, et séparés par des feuilles, afin qu'ils ne puissent se toucher, ni se corrompre par le contact ; demandez-lui-en le prix. Il vous répondra : « Trente sous la pièce », je suppose. Regardez autour de vous... Vous verrez, bien certainement, dans le voisinage de ce panier, un autre panier rempli de pêches, toutes pareilles, en apparence, aux premières ; seulement, plus serrées les unes contre les autres, ne se laissant pas voir sur tous les côtés, et que le marchand ne vous aura pas offertes... Dites-lui : « Et combien, celles-ci? » Il vous répondra : « Quinze sous ». Vous lui demanderez, tout naturellement, pourquoi ces pêches aussi grosses, aussi belles, aussi mûres et aussi appétissantes que les autres, coûtent moins cher. Alors, il en prendra une au hasard, le plus délicatement possible, entre ses deux doigts ; il la retournera, et vous montrera, dessous, un tout petit point noir, qui sera la cause de ce prix inférieur... »

Et M. A. Dumas termine en disant que le salon de la vicomtesse de Vernières, beaucoup plus fréquenté par les femmes que par les hommes, représente le panier de pêches à quinze sous.

Certains cercles, certaines réunions ressemblent beaucoup au salon de Mme de Vernières. Au milieu d'hommes honorables, honorés, se meuvent des êtres interlopes, souvent d'origine étrangère, qui, sous des dehors séduisants, sous les apparences les plus saines, ont, comme les pêches tarées, une quantité de points noirs ; ils portent des noms d'emprunts, des titres faux;

cachent des passés incorrects, des fortunes mal acquises, et, dans notre monde régulier, apportent l'art de fonctionner irrégulièrement. Ils ignorent, ou feignent d'ignorer, la véritable signification des mots de notre langue, et la qualification de leurs méfaits. Pour eux, la notion du bien et du mal n'existe pas; les mots, les actes, la morale, diffèrent selon le temps, le milieu, les latitudes; le mensonge devient un malentendu; la fraude, de la négligence; l'escroquerie, de l'ignorance; le faux, une erreur; le vol, de la faiblesse, et l'assassinat, un malheur.

Mais, ce qu'ils connaissent, et pratiquent à merveille, c'est l'exploitation de notre confiance, devenue tellement aveugle qu'elle frise parfois la sottise.

Les études criminalistes qui vont suivre établissent heureusement que la tranquillité et le bonheur ne sont pas toujours la récompense des gens habitués à vivre en dehors des lois sociales.

CHAPITRE III

Les étrangers

La guerre, le siège, la Commune, jetèrent un trouble si profond dans l'organisation générale de la France que des étrangers, affublés de noms illustres, de titres superbes, aussi faux que leur personne, apparurent et s'imposèrent aux fonctionnaires républicains.

Cela était d'autant plus facile, que les archives de la Préfecture de police, et celles du vieux Palais de Justice, avaient été anéanties par les incendies qui illuminèrent sinistrement Paris, pendant les nuits des 23-24 mai 1871 ; et que, sous prétexte d'épuration, l'autorité nouvelle, rapidement improvisée, réforma sans discernement la majorité de l'ancien personnel du régime impérial.

La bohème cosmopolite choisit donc bien l'instant propice pour s'introduire dans les mondes politique, financier, scientifique et littéraire. Qui pouvait la soupçonner? Elle paraissait nous montrer tant de sympathie! et, ministres, préfets, procureurs, ne connaissaient point les antécédents des membres qui la composaient. Ceux-ci agirent d'ailleurs en parfaite sécurité, et firent de nombreuses victimes retenues par amour-propre de porter officiellement plainte; elles se contentèrent d'adresser des avis anonymes à la justice pour lui signaler les coupables industries des gens tarés passant d'un pays à l'autre avec une extrême dextérité.

De temps en temps, comme pour les égouts, il est nécessaire de nettoyer la capitale. Ce furent MM. Sallentin, procureur de la République, et Léon Renault, préfet de police, qui ordonnèrent le premier épurage de cette clique internationale. Ces magistrats chargèrent le service des délégations judiciaires d'établir, par voie d'enquêtes approfondies, l'identité et les agissements d'escrocs, de faussaires, de maîtres-chanteurs ayant leurs mains dans nos poches et leurs pieds dans les bureaux de la section des fonds secrets des polices étrangères.

De 1872 à 1884, j'ai suivi, par un travail complet, l'infiltration progressive, nuisible, d'êtres nomades qui, lentement, sûrement, à la suite de combinaisons très ingénieuses, s'implantent de plus en plus en France. D'après les statistiques, prises aux sources ministérielles, cette infiltration s'est continuée, et finira par toucher le cœur de la nation. Les étrangers se sont, comme avant 1870, surnoisement reglissés partout ; il y a là un péril qui va grandissant, et contre lequel il faudra se prémunir.

C'est à Paris qu'ils séjournent de préférence. Cette ville a le don de les attirer, de les retenir, avec son luxe et ses plaisirs. Sur son sol accueillant, hospitalier, tolérant, ils circulent, se multiplient bien à leur aise ; et, de toutes les capitales européennes, c'est celle qui contient la plus forte partie d'individus nés hors de la France. Chez nous, ils se sentent chez eux, et sont contre nous.

Victor Hugo et Garibaldi auraient désiré, avant de mourir, voir se réaliser leur grande pensée : « la Fraternité internationale par les Etats-Unis d'Europe ». Leur nouvelle géographie politique compte sur une dernière révolution, qui établira partout le gouvernement républicain ; en attendant cet accord parfait, les malfaiteurs ont depuis longtemps formé une véritable organisation de trafic général, qui facilite le vol, l'escroquerie, le faux et même l'assassinat. Russes, Allemands, Anglais, Italiens, Espagnols, Américains, se sont enrôlés ;

ce qui leur permet d'opérer impunément dans des conditions spéciales, de toutes les façons, toujours en grand et par des moyens perfectionnés. Si un « bon coup » est à faire en France, on charge de le préparer celui des membres qui connaît le mieux le pays, soit pour y être né, soit pour y avoir vécu. Il étudie alors le terrain à exploiter, en dresse les plans, et, la veille de l'exécution, disparaît, laissant ses complices agir dans les meilleures conditions. Le vol commis, personne n'a vu les voleurs ; et, en cas d'arrestation, l'éclaireur s'est assuré un alibi de la plus incontestable évidence.

Tous les vols importants qui se commettent sont conçus, combinés, exécutés de cette manière, ce qui rend impossible la découverte de certains méfaits, dont l'audace n'a rien d'improvisé et qui, cependant, étonne et déconcerte.

La pire des expériences, basée sur les épreuves du passé, prouve qu'il ne faut pas toujours fraterniser avec ses semblables. Le refrain de la fameuse chanson populaire de Pierre Dupont : « Les peuples sont pour nous des frères », parue pendant la période révolutionnaire de 1848, était plutôt sentimentale que positive.

L'intérêt de l'ordre intérieur, celui de la morale publique, exigent que notre hospitalité soit moins généreuse, plus circonspecte, et que nos portes ne restent point constamment ouvertes à ces émigrants hétérogènes qui, loin de représenter l'élite de leur pays, viennent parmi nous chercher la vie matérielle qu'ils sont incapables de trouver ailleurs.

Instinctivement, j'éprouve une certaine antipathie pour les étrangers, car les seuls ennuis sérieux de ma longue carrière ont émané d'eux.

Malheureusement, en France, la qualité d'étranger sert de talisman ; elle remplace la formule de « Sésame, ouvre-toi ! » que le Persan Ali-Baba mit en pratique pour s'enrichir. De nombreux procès correctionnels ont établi que les vitrines des joailliers, des bijoutiers, des marchands de pierres précieuses, se sont, comme par magie, ouvertes aux rastaquouères exotiques des deux sexes, parlant un baragouin inintelligible, et porteurs de noms terminés en iff, en off, en ki, en us, en ann et en os.

Les Français aiment les étrangers et adorent les étrangères. Eh bien ! il faut absolument nous garer de ceux-ci, comme de celles-là ; et plus encore de leurs habitudes, de leurs mœurs, si peu en harmonie avec les nôtres. L'exotisme nous envahit peu à peu, et nous fait perdre les qualités distinctives de notre pays. Il est temps, grand temps, qu'on réagisse contre ce cosmopolitisme, inquiétant à tous les points de vue. Nous sommes un peuple sociable, gai, travailleur, pas méchant, très enthousiaste de ce qui est généreux, brave et beau; nous aimons l'art, la guerre, la science, sachons donc exploiter nos propres richesses; car, dans notre tempérament, il y a tous les éléments de la véritable grandeur.

CHAPITRE IV

Assassins étrangers

PRADO. — PRANZINI. — CARRARA.

La Cour d'assises de la Seine a vu surgir deux types synthétiques d'aventuriers cosmopolites : celui du soi-disant Espagnol Prado, qui, le 15 janvier 1886, tua, pour la voler, la fille galante Marie Aguétant, et celui du faux Egyptien Pranzini. Ce dernier, dans le même but, commit, le 17 mars 1887, le triple assassinat de la rue Montaigne.

D'origine inconnue, ils avaient l'un et l'autre l'esprit inventif, le caractère audacieux, la voix douce, la parole mielleuse, les caresses félines et le naturel féroce. Leur tout formait un mélange d'Italiens, d'Espagnol et d'Oriental.

Combien de femmes se sont laissé prendre aux formes, aux manières, au langage et aux qualités séductrices de ces criminels, que l'on croit

Levantins! Ils vécurent en véritables pachas; et ces hommes à femmes, ces amants de rencontre se firent aimer par des jeunes filles innocentes, par des demoiselles de magasin vicieuses, par des actrices sur le retour, par d'humbles servantes et par de grandes dames. La plus compromise, pourvue de titres de noblesse authentiques, pervertie, passionnée d'hommes, assoiffée de réclame, et toujours en quête de mystérieuses aventures, est alliée à l'une de ces familles dont les membres ont, pendant plusieurs siècles, illustré la France, par leurs vertus guerrières, leurs talents oratoires et leur fidélité à la foi jurée.

Le jeudi 19 mai 1898, jour de l'Ascension, j'ai visité son château historique et, après avoir examiné, dans la galerie des Fêtes, les portraits des ancêtres de son mari, j'ai vu le sien sur un chevalet, auprès duquel se trouvaient les œuvres de Marcel Prévost. J'ai comparé le passé au présent, et lorsque j'ai quitté la vieille demeure seigneuriale, j'ai fait cette pénible réflexion : il est regrettable que le portrait de la signataire des lettres à Pranzini figure au milieu de tant d'hommes de cœur et de femmes vertueuses!

Si le nom de cette... titrée n'a pas été prononcé au procès de ce bandit, des maîtres-chanteurs du grand monde l'ont exploité sérieusement.

Quelle leçon terrible! On ne saurait trop la

répéter aux femmes capricieuses, inconstantes, romanesques, à la recherche de sensations nouvelles, et qui auraient la velléité de correspondre avec des inconnus.

Pranzini et Prado furent décapités ; ils n'avaient pas, au moins, comme l'assassin Carrara, obtenu des lettres de naturalisation.

Rien n'est plus équitable que de naturaliser des étrangers, qui l'ont mérité, pour des services rendus au pays où ils résident. Mais on confère, avec une facilité déplorable, la qualité de Français à des êtres nomades, qui passent plus souvent sur les bancs de la police correctionnelle que dans les bureaux du percepteur ; et, lorsqu'ils sont obligés de payer leurs contributions, ou de faire honneur à leur signature ils ont recours à des moyens coupables. C'est ainsi qu'a procédé Ange Carrara, âgé de cinquante-cinq ans, né à Albino (Italie), condamné à mort le 24 mai 1898, par la Cour d'assises de la Seine. Après avoir prémédité son crime, il attendit, le 30 novembre 1897, dans sa champignonnière du Kremlin-Bicêtre, l'arrivée du garçon de recettes Lamarre, un sexagénaire qui devait lui présenter une traite.

A deux heures de l'après-midi, l'encaisseur se présenta.

— Attendez, lui dit le champignonniste, je vais chercher les fonds.

Et, passant derrière cet honorable serviteur, d'un seul coup il lui fractura le crâne, à l'aide de sa clef à écrou de voiture, longue de 60 centimètres et du poids de plusieurs kilogrammes. Lamarre tomba. Il était mort. Carrara lui prit sa sacoche, son portefeuille, contenant les billets de banque. L'or et l'argent convoités, il récapitula le tout : soit, 22,000 francs, qu'il s'empressa de dissimuler sous une ancienne muraille. Pendant la nuit, il incinéra le corps de sa victime sur un brasero, placé au fond du puits d'aérage de la champignonnière. Il commença par la tête ; et le feu, constamment alimenté, anéantit peu à peu le cadavre de Lamarre.

Enfin, après huit heures de ce lugubre travail, les pieds disparurent, et avec eux les preuves de son crime.

M. le président Thibierge a dépeint Carrara comme un sujet sournois, brutal, sans probité, qui tolérait, dans un but lucratif, la prostitution de sa femme, dont il fit d'ailleurs sa complice. Celle-ci, que ses clients surnommaient « la Môme Champignon », aurait, à l'instigation de son mari, mis adroitement, et plusieurs fois, le feu aux bâtiments annexes de la champignonnière, afin d'obtenir les indemnités prévues par les polices d'assurances.

Joli couple, que l'incendiaire « Môme Champignon », si accueillante aux amoureux, et cet Ange, assassin, faussaire et entremetteur de sa femme, qu'il emmenait, après chaque crime réussi, danser dans un bal du voisinage !

On cherche en vain les services que ce sinistre Italien a rendus à la France, dont il n'a pas même respecté les lois et les coutumes : c'est ce que démontre la lecture de son procès.

Marié à une fille de mœurs faciles, en 1893 ;

Incendiaire, en 1894 ;

Naturalisé, en 1895 ;

Faussaire, en 1896 ;

Assassin, en 1897 ;

C'est donc à la suite d'une enquête insuffisante, sur sa conduite et sa moralité, qu'on lui a conféré, entre deux crimes, la qualité de Français !

Carrara est le premier assassin célèbre auquel a été faite l'application de la nouvelle loi sur l'instruction ouverte.

Condamné à mort le 25 mai 1898, il fut exécuté le 25 juin suivant.

Depuis 1871, que d'étrangers sont venus commettre, à Paris, des assassinats non passionnels !

En voici les noms, avec leur pays d'origine :

Allemands : Schombert, Grum Lantz, Backès.

Belges : Lauwens, Albert (Joseph), Lawoitte (Philomène), Mœrtz, Lathauwers, Béghein, Hodester, Spreesert, Christyn.

Egyptien : Pranzini.

Espagnol : Prado.

Italiens : Gavello, Carrara.

Suisses : Weisshaar, Walder.

Quittons les étrangers assassins, pour dévoiler la vie d'autres étrangers : aventuriers, voleurs, escrocs, faussaires, tous aigrefins de la pire espèce qui, sans feu ni lieu, surent fort habilement se créer des blasons, et duper les grands et les petits.

CHAPITRE V

Voleurs étrangers

James Mariott. — Marie Peseux. — Kalicher-Wasil. — Stoijovie. — Anna Bengold. — John Schéridan. — Wilson. — le colonel Gaston. — le lieutenant Henry. — Coffé. — Jane Glay. — Baudhuin.

Les escrocs, les voleurs, ont une prédilection marquée pour les magasins de joaillerie et de bijouterie à la mode. C'est un champ d'exploitation qu'ils transforment en chant de triomphe

Je ne m'étendrai pas sur le nombre incalculable de bijoux confiés, « à la petite semaine », aux actrices et à certaines femmes du monde, dont le désir est d'en éviter la restitution, et qui n'offrent que leur personne en guise de paiement. L'abus de confiance est une monnaie courante; il se renouvelle constamment; mais la Presse ne mentionne guère que ceux qui ont un caractère spécial. Si elle s'est appesantie sur le vol commis, le

7 mars 1883, au préjudice de M. Kramer, 350, rue Saint-Honoré, c'est parce qu'il s'agissait d'une parure en brillants estimée 375,000 francs, et que le rusé filou, James Mariott, était l'employé de M. Durand Ruel, l'expert en tableaux.

James Mariott, âgé de vingt-sept ans, né à Londres, et sa maîtresse Marie Peseux, âgée de dix-neuf ans, d'origine bavaroise, furent, par l'intermédiaire de l'ambassade allemande, arrêtés, le 12 avril suivant, à New-York.

Les journaux donnent également de la publicité aux vols audacieux, perpétrés à l'aide d'effractions brutales, publiques, qui se présentent trop souvent, et dont les auteurs, à cause même de leur témérité restent rarement impunis.

Les étrangers pratiquent assez volontiers ce genre d'exercice. C'est ainsi que Kalicher-Wasil, âgé de vingt-quatre ans, né en Turquie, et Stoïjovie, âgé de vingt-cinq ans, né en Bulgarie, furent condamnés, le 26 juin 1880, chacun à quinze années de travaux forcés, pour avoir, le 19 octobre 1879, à huit heures du soir, brisé à coups de pierre la devanture de M. Fontana, bijoutier au Palais-Royal, et cependant la glace avait dix millimètres d'épaisseur. Deux rivières de diamants disparurent : on les retrouva à New-York, vendue par la fille Anna Bengold, née en Prusse.

Quatre ans plus tard, John Schéridan, âgé de cinquante ans, sujet américain, fit avec une brique un énorme trou à la vitrine de la Compagnie générale des diamants, dont les magasins sont situés rue de la Chaussée-d'Antin, n° 44.

Il était sept heures du soir.

S'étant emparé d'un collier de perles estimé 32.000 francs, il s'empressa de le jeter à un de ses compatriotes, son complice, qui disparut aussitôt avec la parure volée.

John Schéridan fut arrêté et condamné par la Cour d'assises de la Seine à dix ans de travaux forcés.

Ce Turc, ce Bulgare, ces deux Américains et cette Allemande ne sont que de vulgaires malfaiteurs. Mais, les artistes du vol et de l'effraction se jouent à plaisir de toutes les mesures de prudence prises par les bijoutiers. Ceux-ci, cependant, redoublent de précautions chaque fois qu'une soustraction importante est commise au préjudice d'un de leurs confrères. Eh bien ! malgré les gardiens de jour et de nuit, malgré la lumière et les sonnettes électriques, les voleurs habiles opèrent avec célérité, ils ouvrent sans bruit les portes, les vitrines, les coffres-forts, et disparaissent dans le plus profond silence.

Le vol de 200,000 francs de bijoux, perpétré par des Anglais, le 19 février 1885, chez M Gabriel

Lévy, avenue de l'Opéra, nº 22, en a fourni la preuve.

Mais, les plus dangereux malfaiteurs, parce qu'on s'en méfie le moins, sont ceux qui se mêlent au grand monde : gens de bonne compagnie, fins, souples, insaisissables, constamment en route, et qui ne pratiquent ordinairement ni le vol brutal, ni l'effraction ; ils restent huit jours à Paris, s'absentent quinze, et y reviennent pour repartir. C'est ainsi qu'ils se forment l'esprit, et plus encore la main. Toute agglomération de personnes choisies devient pour eux un terrain de manœuvre, qui leur permet d'exercer leur adresse.

Le théâtre de l'Opéra, en 1876, servit de bonbonnière aux pick-pockets en habit noir. Avec une dextérité merveilleuse, ils enlevèrent, à l'entrée et à la sortie des spectateurs : portefeuilles, montres, porte-monnaie, lorgnettes et éventails. Ils furent surveillés; de coupables indiscrétions les mirent en fuite.

Au mois de janvier 1878, ces habiles voleurs reparurent et, le 22 mars, au théâtre de la Renaissance, profitant du moment où la princesse de Bibesco était entourée d'un groupe d'individus qui parlaient différentes langues étrangères, ils parvinrent à lui prendre deux solitaires qu'elle portait à son corsage et qui représentaient une valeur de 60,000 francs. Ils continuèrent leurs exploits aux théâtres du Vaudeville, des Variétés, de l'Opéra-Comique et des Français.

On savait que leur chef se faisait appeler le colonel Gaston; son lieutenant Henry se fit prendre à l'Opéra, enlevant une superbe épingle à la cravate de M. Clark, chef du personnel à la Compagnie générale des omnibus. Pour faciliter l'enlèvement de ce bijou, il avait suffi, au complice du voleur, de faire opérer un mouvement de tête à M. Clark.

En présence de ses juges, Henry resta muet sur son passé. Comme il était phtisique, sa détention se prolongea à l'infirmerie de la prison de la Santé, où il recevait des secours anonymes. Le médecin chargé de le soigner lui ayant appris qu'au théâtre de la Porte-Saint-Martin on avait soustrait à sa belle-mère une jumelle d'assez grande valeur, dont il fit le croquis, le détenu lui répondit : — Vous adoucissez mes souffrances ; et, puisque j'ai l'occasion de vous manifester ma reconnaissance, confiez-moi ce dessin ; je vais le mettre sous enveloppe avec un mot, qu'il vous sera facile de sortir d'ici, et j'espère que vous recevrez la lorgnette volée. Mais, avant de jeter, au bureau de poste que j'indique, la lettre que je vais vous donner, promettez-moi de ne pas en lire la suscription. Je ne veux pas que la police arrête mes « compagnons de travail » ; je tiens, au contraire, à écarter d'eux les dénonciations, les pièges et les dangers.

Après deux mois passés sans résultat, le docteur reçut un jour la visite d'un individu vêtu à la dernière mode française et répandant autour de sa personne cette atmosphère de brouillard et de fumée qui marque l'origine anglaise. Il lui présenta plusieurs jumelles parmi lesquelles le médecin reconnut celle de sa parente. L'inconnu lui abandonna l'objet et se retira sans avoir ouvert la bouche.

Le docteur remercia Henry, qui parut heureux de la réussite, car il lui dit :

— Je suis sans crainte, le colonel est libre.

La bande, dirigée par le soi-disant colonel Gaston, se spécialisait par les soustractions de bijoux, de diamants et de pierres précieuses.

Nous allons raconter comment elle opéra un détournement de 250,000 francs dans le magasin de Mme Gros-Chauvet, rue des Capucines, n° 20. C'est sans aucune violence, avec un art parfait, que l'opération a été conduite.

En voici les principales circonstances :

Le lundi 11 janvier 1880, deux personnes se disant mariées, et venir de New-York, remirent à la dame Chauvet un énorme bracelet d'or, forme gourmette, qu'il s'agissait de réparer promptement. La bijoutière accepta le travail qu'elle promit de livrer cinq jours après.

Le mardi 12, ce fut un gentleman qui la pria de faire mettre plusieurs grains de soudure à son allume-pipe.

— Je vous serai obligé, lui dit-il, de me l'envoyer à l'Hôtel Continental. Et il présenta sa carte, ainsi libellée : Colonel Gaston (Américain).

L'allume-pipe ressoudé, M. Chauvet, père de la marchande, se présenta au bureau de l'hôtel et demanda le numéro de l'appartement occupé par le colonel Gaston. On le conduisit auprès de cet étranger, qui examina l'objet réparé, le fit manœuvrer, régla la facture, et s'informa si la maison Chauvet était assez importante pour lui fournir différentes pièces de valeur qu'il devait emporter en Amérique.

M. Chauvet jugea le client sérieux et, sur ses instances, le colonel se rendit au magasin tenu par sa fille, à qui il commanda : diadèmes, rivières, broches et bagues, livrables deux jours après et au comptant.

Dans la crainte de manquer une vente aussi importante, la dame Gros-Chauvet s'empressa de se rendre chez ses fournisseurs, afin de prendre, à condition, les articles qui lui manquaient.

Si les marchands sont faciles à exploiter, les fabricants, au contraire, se tiennent sur la réserve.

C'est peut-être pour éviter de devenir à leur tour victimes de ces mêmes marchands.

Le colonel Gaston a su voler les uns et les autres.

Certains fournisseurs, prudents comme des fils d'Israël, apportèrent eux-mêmes leur marchandise, au jour et à l'heure fixés par le riche Américain, et s'installèrent dans l'arrière-boutique de Mme Gros-Chauvet, afin de mieux surveiller la vente et le paiement de leurs bijoux.

Le vendredi 16, le colonel arriva, nanti d'un petit sac de couleur rouge. La bijoutière lui fit les honneurs de son magasin. En véritable appréciateur d'objets d'art, et après deux heures d'expertise et de prix débattus, il fit son choix : diadèmes, rivières de diamants, pierres précieuses furent, sans écrins, enveloppés dans du papier de soie et précieusement casés au fond du petit sac, dont Mme Gros-Chauvet opéra la fermeture. Elle le déposa ensuite sur la vitrine de sa caisse.

Le colonel ouvrit son portefeuille, en retira un chèque, et dit à la bijoutière : « Je vais au Crédit Foncier toucher la somme nécessaire au paiement de mes achats ; l'établissement est en face votre maison, pressez-vous de préparer ma facture ». Il quitta le magasin, traversa la rue des Capucines et se présenta au service des dépôts de capitaux en compte courant.

Les fournisseurs sortirent radieux de leur cachette et s'empressèrent de féliciter Mme Gros-Chauvet sur ses aptitudes commerciales, jointes à des qualités de grâce et d'esprit. Ils ne tarissaient pas d'éloges sur cette vente, qui leur assurait d'excellents bénéfices, et, très satisfaits, quittèrent le magasin.

La marchande, heureuse de son succès, rédigea la facture et supputa déjà son gain.

L'arrivée d'un coupé de maître interrompit sa comptabilité; le couple américain qui lui avait confié le bracelet à réparer descendit de voiture et pénétra dans la boutique ; l'homme, vêtu d'une pelisse, et la femme, enveloppée d'un grand manteau dit sortie de bal.

Le jour commence à disparaître; mais on peut encore se passer d'éclairage.

La dame Gros-Chauvet s'excuse; l'ouvrier n'a pas tenu sa parole; le bijou est toujours entre ses mains.

— C'est regrettable, répond l'homme, car nous allons partir.

— Laissez-moi votre adresse, réplique la bijoutière, et je m'engage à vous livrer le bracelet demain matin.

— C'est inutile, interrompt la femme; pendant que mon mari sera au Crédit Lyonnais, je viendrai le prendre.

Et le couple remonte en voiture.

Mme Gros-Chauvet termine alors sa facture, et attend le retour du colonel, qui tarde bien à revenir. Ses yeux se fixent sur le petit sac en cuir rouge et, malgré sa présence, elle a de mauvais pressentiments. Elle le palpe, le soupèse et, convaincue, plus tranquille, le remet à sa place.

L'absence du colonel se prolongeant, ses pressentiments deviennent des craintes, qui prennent une telle intensité qu'elle veut ouvrir le sac avec la clé laissée par son acheteur. Impossible de l'introduire dans la serrure... Mme Gros-Chauvet se rend avenue de l'Opéra, et, ayant fait procéder à l'ouverture du sac par le principal commis du magasin des articles de voyage, reprend le chemin de son domicile.

Le trajet est court de l'avenue de l'Opéra à la rue des Capucines : la marchande s'arrête néanmoins, plonge la main dans le fameux sac, et frissonne en touchant son contenu. Ses doigts, exercés au maniement des bijoux, ne saisissent pas les garnitures des diadèmes, ni la forme des diamants. Elle n'ose cependant pas encore croire à une substitution ; mais elle éprouve un trouble profond ; la folie semble vouloir la gagner ! elle se heurte aux passants, et c'est en titubant qu'elle gagne son magasin. Là tout espoir cesse ; elle pousse alors ce cri de désolation : « Je suis volée ! » Le sac ne contenait que des morceaux de zinc ayant la courbe des diadèmes, et enveloppés avec les soins apportés à des bijoux de valeur.

M. Chauvet père courut à l'Hôtel Continental et constata que le colonel Gaston, après avoir soldé ses dépenses, était parti pour Florence.

Mais où l'histoire tourne au tragique, c'est au retour des fournisseurs. Ceux-là même qui avaient si fort complimenté le talent de vendeuse de Mme Gros-Chauvet, lorsqu'ils apprirent sa déconvenue, devinrent insolents, méchants, féroces, et insistèrent pour la mise en arrestation de la bijoutière, qu'ils considéraient comme la maîtresse et la complice du colonel Gaston.

Le « vol Chauvet », c'est ainsi qu'on le désignait, eut du retentissement. Deux camps se formèrent parmi le personnel considérable qui s'occupe du commerce de la bijouterie. Les uns défendaient la moralité, l'honorabilité de la dame Gros-Chauvet ; les autres l'accablaient d'outrages.

Dans cette branche d'industrie, les juifs sont nombreux, riches, puissants, et pas toujours estimables Ils furent très hostiles à la bijoutière, et recommandèrent en haut lieu cette affaire, que M. Ragon, juge d'instruction, confia au chef de service de la sûreté.

Ce magistrat fit son enquête, et obtint de bons renseignements sur la dame Gros-Chauvet. Il conclut au vol ; et de déduction en déduction, de constatation en constatation, il prouva aux propriétaires des diadèmes et des rivières de diamants que c'était bien à tort qu'ils soupçonnaient la probité et la moralité de la femme qu'ils avaient si louangée. Pour lui, la substitution du sac était certaine, elle avait été accomplie par le couple descendu de voiture, et qui devait revenir prendre le bracelet, resté en la possession de Mme Gros-Chauvet.

La police de sûreté employa tous les moyens mis alors à sa disposition afin de happer au passage le fantaisiste colonel Gaston et ses acolytes. Les recherches les plus actives restèrent infructueuses ; elles s'étendirent jusque dans les réunions étrangères installées à Paris, et si sujettes à caution, parce qu'elles acceptent avec trop de facilité l'admission de soi-disant compatriotes, qui leur sont le plus souvent inconnus.

Six mois se passèrent, terribles, pour la dame Gros-Chauvet ; car ses fournisseurs, malgré l'enquête de police, toute en sa faveur, persistaient à l'incriminer. Le dossier paraissait destiné à rejoindre ceux classés au nombre des affaires agonisantes, quand M. Howard Vincent, directeur du département criminel à Londres, mit fin à l'anxiété de la bijoutière. Par un avis officieux, il signala le passage à Paris de la maîtresse du colonel Gaston.

Le sous-brigadier Lindas, tenace, courageux, habile *fileur*, se mit à sa recherche. La découvrit et ne la quitta plus. Elle se rendit à Bruxelles, et ce fut dans cette ville que les polices belge, anglaise, allemande, italienne et française, qui s'étaient enfin mises d'accord, arrêtèrent l'état-major de la bande dirigée par le colonel Gaston.

Le chef de la sûreté parisienne fit, par urgence, prévenir Mme Gros-Chauvet de cette importante capture; elle partit pour Bruxelles, avec M. E. Vanderheym, expert en pierres précieuses, et l'inspecteur principal Orion, agent modeste, distingué, prudent, connaissant à fond la langue anglaise et très au courant des habitudes, des mœurs des beaux malfaiteurs étrangers. C'est émue jusqu'aux larmes qu'elle reconnut, placés entre deux gendarmes, son riche client, l'homme au petit sac rouge, et le couple américain qui lui avait confié le bracelet gourmette à réparer.

Tous les trois nièrent leur présence à Paris, à l'époque du vol ; mais deux superbes brillants, qui ornaient le devant de la chemise du faux colonel Gaston, servirent à les confondre ; car ils figuraient sur la notice transmise aux autorités, et contenant la description des bijoux détournés à la dame Gros-Chauvet.

Le couple américain fut aussi démasqué : l'homme s'appelait Coffée. Il était sous le coup de poursuites, par la justice anglaise, au sujet d'enlèvement de valeurs, sur les quais d'arrivée des trains de chemins de fer.

Quant à la femme, l'inspecteur principal Orion lui rappela sa courte et déjà édifiante biographie.

— A chacun de vos voyages, lui dit-il, vous changez d'état civil ; vous n'êtes pas plus aujourd'hui la femme légitime de Coffée que vous n'avez été, successivement, celle des malfaiteurs Cunt, Wilson, Braizier, Brewer, Kate, Lawrence, dont vous avez, indifféremment, pris les noms. A votre âge, à peine trente ans, vous auriez eu, selon vos affirmations, une étrange collection de maris !

Et, en lui montrant les photographies de tous ces voleurs, il ajouta :

— Voici la vôtre, elle remonte au mois d'août 1874 ; à cette date, vous étiez pensionnaire de la prison Saint-Lazare, d'où vous avez pu sortir, en vous affublant du costume des sœurs de la congrégation de Marie-Joseph, chargées du service. Ce portrait est encore assez ressemblant pour établir que la fausse épouse Coffée n'est autre que Jane Glay, l'évadée de Saint-Lazare.

Gaston fit des aveux; il expliqua de quelle manière Coffée et Jane Glay avaient, à la suite d'habiles manœuvres, substitué, sur la vitrine de la caisse, une sacoche à l'autre. Ces sacoches, identiques, ne différaient que sur un seul point: le mécanisme des serrures. Cela explique pourquoi la clé, remise par Gaston à sa victime, n'ouvrait pas le petit sac où la marchande avait si soigneusement emballé ses bijoux, lesquels, deux jours après, étaient vendus à des recéleurs de Londres.

Mme Gros-Chauvet ne rentra donc pas en leur possession; mais l'arrestation des voleurs prouva, à ses trop défiants fournisseurs, qu'elle avait toujours été une honnête femme.

L'inspecteur principal Orion, à qui on doit en partie cette capture importante, précédée et suivie de beaucoup d'autres, est le même fonctionnaire qui procéda, à Londres, le 16 novembre 1895, à l'arrestation de l'introuvable Arton.

Quoique jeune encore, il fut mis à la retraite. Pourquoi cette mesure à l'égard d'un aussi précieux serviteur? Parce qu'il faut épurer; et épurer, c'est faire prendre la place par d'autres. Puis, le contact du nommé Arton semble ne porter bonheur à personne.

En 1881, Orion avait pour collègues Gaillarde et Bleuze, agents énergiques, courageux, débrouillards qui, après de laborieuses recherches, finirent par supprimer les nombreux exploits du nommé Baudhuin (Léopold), mécanicien-chauffeur, âgé de trente ans, né à Châtelet (Belgique).

Ce hardi malfaiteur ne vivait qu'au moyen de la fraude, de la contrebande et des vols qu'il commettait sur les chemins de fer en cours de marche. D'une agilité surprenante, il montait dans les trains rapides et en descendait sans faire la moindre chute. Jamais il n'a connu le prix d'un billet de chemin de fer, bien qu'il fût constamment en route. C'est lui qui, le 26 juillet 1881, pénétra, vers deux heures du matin, dans le wagon-lit entièrement occupé par la comtesse Branicka et sa famille. Il s'empara d'un sac de voyage renfermant 400,000 francs de bijoux, parmi lesquels se trouvait un collier de 478 perles pesant chacune 16 grains et qu'on évaluait 100,000 francs.

Après s'être caché à Paris, aux abords de la place de la Bastille, il se rendit à Mons, à Anvers, et le 5 septembre se fit expédier en grande vitesse quinze colis de Charleville à Saint-Quentin, où sa capture fut assez mouvementée. On va en juger.

Baudhuin était marié: mais ce ménage n'avait pas de résidence fixe. Enfin il demeura momentanément rue des Faucons, n° 7, à Saint-Quentin, rue isolée, pourvue de quatre maisons qui accèdent aux boulevards extérieurs, et où la présence d'un étranger est tout de suite remarquée. La surveillance y était donc impossible. Mais, comment s'assurer de la présence de Baudhuin, presque toujours absent ?

Son dernier vol, précédé de beaucoup d'autres, ayant eu lieu sur la ligne des chemins de fer du Nord, la Compagnie avait intérêt à se débarrasser d'un malfaiteur aussi audacieux. Elle prêta donc son concours à la police, et voici la petite ruse employée par Gaillarde et par Bleuze. Afin d'*aiguiller* vers eux l'ex-mécanicien-chauffeur, Gaillarde pria le chef de gare de Saint-Quentin de lui donner une de ses lettres à en-tête, sur laquelle il écrivit à Baudhuin qu'une erreur s'était produite, au moment de la livraison à son domicile des quinze colis venant de Charleville, et qu'on l'invitait à passer au bureau des messageries. Bleuze endossa le costume d'homme d'équipe, se rendit rue des Faucons, remit l'invitation au destinataire et se retira sans fournir les explications qu'on lui demandait.

Cette lettre avait pour but, non seulement de s'assurer de sa présence, mais encore de l'empêcher de partir au lever du jour, comme il en avait l'habitude.

Le 14 septembre, à huit heures du matin, Baudhuin se présenta chez le chef de gare ; il était escorté de deux de ces chiens, d'assez fortes tailles, qui sont la terreur des douaniers. Gaillarde se fit connaître et le pria de lui fournir des explications sur le vol commis au préjudice de la comtesse Branicka, et auquel il n'était pas étranger.

Baudhuin nia énergiquement sa participation à aucun vol, en disant qu'il était un honnête homme, n'ayant rien à démêler avec la police, et qu'au surplus on lui f.... la paix. Saisissant alors le bouton de la porte, il s'apprêtait à se retirer, lorsque Bleuze le retint en lui montrant les bijoux que son collègue retirait de sa poche et qu'il étalait sur la table.

— Reconnaissez-vous, lui dit Gaillarde, la broche, les boucles d'oreille, les boutons de manchettes et le bracelet que vous avez vendus à des brocanteurs parisiens ?

— Je ne connais pas plus Paris que ces bibelots-là, répondit-il.

Et, tout en regardant la porte, il repoussa si violemment les bijoux qu'ils allèrent se perdre sous des chaises placées à deux mètres de distance de la table.

Au même instant, Bleuze donna un tour de clé à la porte, et Gaillarde mit sous les yeux de Baudhuin sa photographie et celle de sa femme, tirées toutes deux, boulevard Magenta, et sur lesquelles figuraient notamment la chaîne et la montre de la comtesse Branikca, montre de grande valeur, avec remontoir à guichet, couronne de prince, et armoiries Sapicha en relief sur le boîtier, et volée dans le train express de Paris à Cologne.

Bandhuin ne put faire autrement que de se reconnaître ; mais il s'écria :

— Oui, oui, c'est moi...

Et, se croisant les bras, il ajouta : Après...

— Après, répliqua Gaillarde, vous allez nous remettre ce que vous avez sur vous.

— Jamais... Rien n'indique que vous êtes de la police, et vous ne me toucherez pas.

— Voici le mandat d'amener qui vous concerne, signé par M. Habert, juge d'instruction.

— J'ai lu dans les journaux que c'est M. Guillot qui s'occupe de ce vol.

— M. Habert remplace son collègue, en congé.

— Vous me contez des blagues... Laissez-moi libre, ou je fais du pétard.

Le tour de clé donné par Bleuze indiquait aux gendarmes, tenus derrière la porte, qu'à ce signal convenu, c'est-à-dire à la réouverture de ladite porte, ils devaient se montrer. Ils obéirent à la consigne. Alors, Baudhuin se laissa fouiller, et l'on saisit, cousus dans ses poches, six mille francs en billets de banque français et belges, ainsi que la bague en or, ornée de brillants, comprise parmi les bijoux soustraits.

Cette première opération terminée, Baudhuin fut conduit à la gendarmerie située à trois cents mètres de la gare.

Gaillarde, Bleuze et les gendarmes prirent leurs précautions, sachant que le braconnier, le contrebandier, le voleur qu'ils conduisaient, ne comptait plus ses luttes avec les autorités de tous les genres. Il possédait à fond l'art de s'évader, et en usa une fois de plus encore.

Son escorte, moitié civile, moitié militaire, marchait au pas, et rien au monde n'aurait pu la distraire. On allait, enfin, mettre en lieu sûr l'imprenable Baudhuin. Mais, à quelques pas de la gendarmerie, il fit un geste; poussa un cri : ses chiens accoururent, et il joua si habilement de la tête, des pieds, des épaules, des coudes et des mains qu'en moins d'une demi-minute, gendarmes, agents, voleur et chiens ne formèrent plus qu'une masse animée, d'où bientôt, à l'instar d'un clown, sortit le prisonnier. Il était libre. Sa fuite fut si rapide qu'il semblait avoir des ailes. Ses chiens, heureusement, le suivirent et guidèrent les agents, qui ainsi ne perdirent pas de vue le fugitif.

Une course folle s'engagea, le long du canal de la Somme, dans la direction de Rouvray; mais l'âge, la souplesse et surtout la force que donne l'espoir du salut favorisaient Baudhuin; il gagnait toujours du terrain sur les agents, dont cependant la vitesse ne se ralentissait point. Au lointain apparurent deux hommes, marchant à une allure assez vive; lorsqu'ils furent à portée de la voix de Gaillarde et de Bleuze, ceux-ci crièrent : Au voleur!... Arrêtez-le!...

Les inconnus accoururent et tendirent les bras. L'évadé eut un mouvement de recul, s'arrêta même, ce qui permit à ceux qui le poursuivaient de se rapprocher de lui. Mais, au moment d'être ressaisi, il fit un bond formidable et plongea dans le canal qu'il traversa en excellent nageur, pour remonter sur le chemin de halage. De nouveau, il se précipita dans les marais du grand étang de l'Isle, où il disparut au milieu d'énormes touffes de roseaux. Ses chiens, parfaitement dressés pour la contrebande, imitèrent son exemple, en suivant les mêmes passages que leur maître. C'est ce qui le perdit. L'agitation des roseaux, occasionnée par le va-et-vient de ces fidèles animaux, indiquait les îlots successifs sur lesquels Baudhuin allait reprendre haleine.

De leur côté, les gendarmes ne restèrent pas inactifs : le premier mouvement de surprise passée, ils s'empressèrent de monter à cheval, et furent bientôt suivis par le maréchal des logis

Thimonnier, le brigadier Hulin, et des hommes composant la brigade de Saint-Quentin. Les gendarmes Devongé, Waroquin, Houssard, Ferand, Malvy, requirent des bateliers, et la battue commença. Elle dura deux heures, après lesquelles on put enfin s'emparer du fuyard, que la fatigue avait épuisé, le ramener à bord, le conduire à la caserne, le coucher et faire sécher ses habits.

M. A. Millet, commissaire central de police de la ville de Saint-Quentin, mis au courant de tout ce qui précède, se rendit, en toute hâte, rue des Faucons nº 7, où il rencontra la femme Baudhuin. Il opéra chez elle une minutieuse perquisition qui amena la découverte et la saisie de la plus grande partie des objets garnissant le sac volé à la comtesse Marie Branicka.

Du riche collier aux 478 perles, il ne restait que le fermoir en or. Baudhuin ignorait le prix de ces perles, que des brocanteurs de la rue du Faubourg-Saint-Antoine lui avaient, d'ailleurs, certifié fausses. Il en laissa un peu partout, en donna aux femmes de ses amis, à des enfants, et avec l'aide d'un marteau en écrasa la plus grande partie. Il n'avait conservé qu'une grosse perle, en forme de poire, montée sur or, avec brillants.

En apprenant la capture de ce grand malfaiteur, les autorités de Charleroi adressèrent à celles de Saint-Quentin le télégramme suivant :

« Baudhuin, homme très dangereux, déjà condamné ici pour vols et évasion. — Bien s'assurer de sa personne. »

Comme il frappait n'importe qui, et brisait n'importe quoi, chaque fois qu'il était arrêté, il fallait lui mettre la camisole de force. Une nuit, en prison, il parvint à la déchirer. Avec des morceaux de fer, provenant de son lit, il fit dans la muraille un trou par où il s'évada.

A Charleroi, deux gendarmes, chargés de l'amener en présence de son juge, roulèrent du haut en bas d'un escalier, à la suite d'un coup de tête et d'un coup de pied que leur avait porté le prisonnier, qui cependant avait les mains attachées. Puis il disparut.

Les époux Baudhuin furent conduits par Gaillarde et par Bleuze au cabinet de M. Guillot, juge, qui reprit son instruction, momentanément interrompue.

La femme, qui s'était fait photographier à Paris, parée des bijoux de la comtesse Branicka, ne prononça pas un mot, pendant le trajet en chemin de fer de Saint-Quentin au service de la sûreté parisienne. Par contre, son mari, furieux d'avoir été pris, de se trouver ligotté, ne proféra que des menaces de mort contre la société, qui l'empêchait de vivre à sa guise ; et ce hâbleur, ce poseur s'écriait : « Moi !... moi ! qui ai tendu tant de pièges, et toujours avec succès, aux gendarmes, aux gardes forestiers et aux gardes-pêche, je me suis laissé *griller* comme une bête innocente, deux fois dans la même journée ! Ah ! si vous étiez venus chez moi, au lieu de m'attirer à la gare, mes armes ne vous auraient pas ratés, et, avec ma boîte de dynamite, j'aurais fait sauter la baraque ! » Et il ajouta : « Si le train qui m'emporte, se heurtait contre un autre, quelle belle occasion pour f... le camp ! »

Dans un moment d'accalmie, Gaillarde lui demanda comment il montait sur les trains express, en cours de marche, et de quelle manière il en descendait.

Baudhuin, flatté, dit :

« Courir sur un train, sauter d'un train en pleine course, y monter ? Voici le truc : je tourne les disques ; je détourne les fils des roues, je place le falot où il faut, et les trains ralentissent. »

Si, la nuit du 26 juillet 1881, les polices des chemins de fer français et allemands n'ont rien constaté d'anormal sur le parcours de l'express, entre Paris et Cologne, elles ont admis, sans pouvoir l'établir, la complicité d'un indicateur ayant, à la frontière, facilité à Baudhuin enlèvement du sac contenant les bijoux de la comtesse Branicka.

La femme Baudhuin fut remise en liberté. Quant à son mari, malgré plusieurs tentatives d'évasion, il passa en Cour d'assises, et s'entendit condamner à six années de prison.

CHAPITRE VI

Deux solitaires

MANUEL BIGUEZ. — PUNYÉ MARODÈS.

A côté de ces associations de malfaiteurs, comme celle conduite par le faux colonel Gaston, fonctionnent ce qu'on appelle, en argot de voleurs, « les solitaires »; et ceux-ci paraissent avoir des moyens sérieux d'existence. Les uns tiennent des établissements publics; les autres occupent des carrières libérales, et tous ont des apparences d'honnêteté qui voilent leur coupable industrie. Ils n'opèrent, du reste, qu'à certaines époques et à certains endroits : toujours seuls. De là est née l'appellation de « solitaires », dont Manuel Biguez, âgé de quarante-huit ans, né à

Malaga (Espagne), fut le type remarquable par sa position sociale et par son talent d'escamoteur.

Sa situation sociale nous est présentée par sa carte de visite, qu'il remit aux agents, le 31 mai 1880, jour de son arrestation au foyer de l'Opéra, et dont voici le fac-similé :

MANUEL BIGUEZ

Vice-président du syndicat de la presse espagnole à Paris

Administrateur de la Société des volontaires
en 1870-71

Chevalier de la Légion d'honneur

Commandeur de l'ordre de Charles III

Rédacteur correspondant
des journaux *Il mélodia* de Malaga
et *Los Fontos Publicos*

Quant à son talent d'escamoteur, on verra de quelle façon il a su le déployer.

Et, puisqu'il s'agit de l'Opéra, précisons les rôles et posons le décor sur la scène où manœuvrait cet Espagnol, devenu célèbre dans les chroniques théâtrales sous le nom de « voleur de lorgnettes ».

Pendant la saison d'hiver 1879-1880, M. Vaucorbeil, directeur de l'Opéra, reçut d'innombrables plaintes de ses abonnés. Jumelles, éventails, bonbonnières, dentelles, disparaissaient comme par enchantement, surtout dans les premières loges, les baignoires, aux fauteuils d'orchestre et d'amphithéâtre. Les soupçons se portèrent sur les employés des deux sexes, qui se surveillèrent réciproquement, sans obtenir le plus léger indice. Les détournements n'en continuèrent pas moins. On poussa l'audace jusqu'à prendre dans la loge du préfet de police une riche dentelle appartenant à Mme Andrieux.

Le prince de Joinville, le duc d'Aumale, le prince de Hénin, MM. Chandon, de Brailles, Gaston Dreyfus, de Rothschild, de Morlaincourt, Talazac, le ténor de l'Opéra-Comique, furent aussi les victimes du voleur de jumelles.

Enfin, un après-midi, sur la scène, à l'endroit où M. Vaucorbeil suivait la répétition des artistes, on lui déroba sa lorgnette. L'auteur du méfait était donc un habitué de la maison ; mais ils étaient nombreux et connus. Malgré cela, M. Vaucorbeil et le chef de la sûreté les passèrent au *crible*. Leurs titres, leur fortune, les places officielles qu'ils occupaient, firent rejeter au loin l'idée que l'un d'eux pût descendre assez bas pour commettre de pareils actes. Néanmoins, cette jumelle prise sous les yeux de son propriétaire permit de circonscrire les recherches et la surveillance. Le voleur était un invité, ayant libre accès sur la scène, dans les coulisses et aux abords du foyer de la danse. Afin de le prendre en flagrant délit, le directeur de l'Opéra et le chef de la sûreté organisèrent très secrètement un service que M. Andrieux, préfet de police, approuva.

Le brigadier Colliaux et son auxiliaire Lindas en commencèrent l'exécution le 26 mai, et cinq jours après Manuel Biguez était arrêté nanti de plusieurs jumelles.

Nous allons dévoiler ici l'extrême habileté de cet artiste du vol, reçu dans tous les mondes, qui opérait sous les formes les plus exquises. Il avait ses entrées gratuites, non seulement à l'Opéra, mais encore à l'Opéra-Comique, aux Français et à l'Odéon. Les subventions allouées à ces théâtres servent au moins à quelque chose.

Le mercredi 26 mai, premier jour de la surveillance, on représentait *Aïda*. Après le troisième acte, Colliaux et Lindas remarquèrent un individu, en tenue de soirée, la boutonnière garnie d'une rosette multicolore, qui, sans affectation, prit plusieurs lorgnettes, momentanément laissée sur les fauteuils d'orchestre, pour les diriger du côté des premières loges de face. Il remit ensuite les lorgnettes à leur place et se retira.

Il est souvent d'usage, à l'Opéra, d'agir ainsi : les agents se contentèrent de suivre cet homme, qui pénétra dans une des loges qu'il venait de fixer et en sortit presque aussitôt, tenant une jumelle à la main. Il se rendit au vestiaire, mit son pardessus et quitta le théâtre, puis passa le restant de la soirée au café des Variétés et rentra chez lui.

La lorgnette était-elle à Biguez, ou bien l'avait-il emportée par simple distraction? La prudence conseillait d'attendre.

Le lendemain, il y avait relâche. Le vendredi 28, ce même individu s'introduisait de nouveau, à la fin du troisième acte d'*Aïda*, dans la sixième rangée des fauteuils d'orchestre, et recommençait la manœuvre pratiquée le mercredi. Cette fois, il emporta une superbe lorgnette, montée en nacre, et la glissa, au foyer du théâtre, dans la poche de son habit. Comme il donnait et recevait de nombreuses poignées de mains, les agents résolurent, avant de le saisir, d'en référer à leur chef, qui donna rendez-vous à M. Vaucorbeil au cabinet du préfet de police.

Lorsque le directeur apprit le résultat des surveillances, il se rappela qu'il avait échangé quelques mots avec Biguez, avant la disparition de sa jumelle. Cet après-midi-là, il circulait des bruits dans les coulisses à son sujet; on le savait en relations suivies avec des marchands de curiosités de la rue de Provence.

M. Andrieux donna l'ordre d'en finir avec le pick-pocket en gants blancs.

Le samedi 29, la soirée fut consacrée à des

Concerts historiques, Biguez fit sa tournée habituelle et resta sur la réserve : ce n'était pas son monde.

Le dimanche 30, il y eut relâche.

Enfin, le lundi 31, après le troisième acte de *Faust*, il apparut aux premières loges, à l'amphithéâtre et aux fauteuils d'orchestre, où il récolta quatre petites jumelles dites « duchesse » qu'il dissimula dans les poches de son habit et de son pantalon. De la main droite il en tenait une cinquième d'un assez gros volume et montée en or. Il entra au foyer. Là, le brigadier Colliaux lui fit connaître sa qualité et la mission qui l'obligeait à le mettre en état d'arrestation. Au même instant, Lindas s'emparait de la lorgnette.

Biguez s'emporta en disant :

— La lorgnette que vous saisissez n'est pas à moi ; c'est une erreur que bien des abonnés de l'Opéra commettent journellement. Prenez garde, mon arrestation est illégale, et si vous touchez à l'ancien ami de M. Thiers, qui m'a décoré de la Légion d'honneur, M. Andrieux vous révoquera !

Le nom de M. Thiers, celui du préfet de police, ne produisirent aucune impression sur l'esprit de Colliaux et de Lindas. Ce dernier, même, lui répondit, avec son air de pince-sans-rire :

— Révoqué... révoqué... Pas avant de savoir votre véritable profession.

— Ma carte vous l'apprendra.

Et il lui présenta celle que nous avons reproduite.

— Vous devez avoir un autre titre, répliqua Lindas.

— Celui de « vendeur de pons lorgnettes ». ajouta Colliaux.

— Mais... mais... balbutia le voleur.

Lindas releva les basques de son habit et lui dit :

— Expliquez-nous comment celles-ci se trouvent là ?

— Parbleu ! s'écria avec arrogance le bel hidalgo, qui avait repris son sang-froid, c'est vous qui venez de les y mettre.

— Et celles qui sont dans les poches de votre culotte ?

Biguez, anéanti, devint muet. Il était pris. Si les deux agents n'avaient pas été aussi circonspects, l'audace de ce voleur pouvait les perdre, car, malgré le flagrant délit, la perquisition à son domicile fut tardive et faillit même ne pas avoir lieu. Elle prouva que Colliaux ne s'était point trompé et que Biguez s'occupait du commerce des lorgnettes de valeur, portant la marque des meilleurs opticiens.

On put néanmoins saisir encore : 66 jumelles, 18 éventails anciens, 9 mouchoirs garnis de

6.

vieilles dentelles et 6 pardessus. Aux collets des vêtements, on voyait les noms et les adresses de tailleurs anglais. Biguez ne portait que des effets de provenance parisienne ; mais il savait au besoin les échanger contre ceux où il voyait poindre un portefeuille.

Le Parquet confia le dossier à M. Guillot, juge d'instruction qui, en psychologue profond, étudia les facultés de son inculpé. Etait-il conscient ? Avait-il agi sous l'impression d'une folie passagère ? Il le mit en observation pendant la durée de l'enquête, et celle-ci l'édifia complètement.

Parmi les papiers saisis chez Biguez, lesquels remplissaient deux malles, on trouva l'adresse d'un fabricant de gaînes, à qui il donnait la confection d'étuis et de boîtes devant être en harmonie avec les jumelles et les éventails soustraits par lui ; il en crayonnait les dessins, qu'il complétait par des mesures. Le tout était emballé dans des caisses à compartiments expédiées à Londres. Le dernier envoi remontait au mois de novembre 1880, et contenait 80 lorgnettes et 20 éventails.

Quel en était le destinataire ?

Sa maîtresse, ancienne couturière, qui avait figuré à son bras aux ambassades, chez les ministres, à l'Hôtel de Ville, à la Préfecture de police et même à l'Élysée, sous le nom de

« Mme Biguez ». A Londres, elle tenait la boutique où s'écoulaient les objets volés par son amant.

Dans son autobiographie, sortie le 3 juin de la cellule qu'il occupait à la prison de Mazas, et adressée à ses juges, il se montre sous un jour d'autant plus séduisant qu'il met volontairement à l'ombre les points noirs de son existence de parade. Il y parle de tout : d'amour, de commerce, de finance, de patriotisme et de politique. Mais sur ses trafics illicites, difficiles à expliquer, il conserve le même mutisme que le jour de son arrestation, au foyer de l'Opéra. C'était au moment où, après ses menaces enfantines, Colliaux et Lindas retiraient de son habit et de son pantalon quatre jumelles dites « pochettes ».

Cette autobiographie ne comporte pas moins de vingt quatre pages, dont la lecture est laborieuse. Cependant, quelques feuilles, notamment la *Gazette des Tribunaux*, en ont reproduit certains extraits, lus à l'audience de la dixième chambre correctionnelle de la Seine, ce qui nous autorise à suivre leur exemple. Ces extraits permettront de mieux analyser ce triste personnage, qui s'est déclaré le neveu de la Malibran, célèbre cantatrice italienne.

Au sujet de l'amour, il écrit :

« Je ne suis ni buveur, ni joueur, ni même fumeur. Mon seul faible, c'est la femme ! »

Il en possédait toujours deux. Cela semblait expliquer son goût pour les jumelles.

Biguez, à la description de ses amours platoniques, mêle le nom d'une actrice de la Comédie-Française qui aurait été particulièrement connue de l'empereur Napoléon III.

En ce qui concerne le commerce, la finance, il fut moins heureux qu'avec les femmes, puisque tous deux ne lui auraient apporté que des déboires. En revanche, le patriotisme et la politique ont été pour lui une gymnastique salutaire.

A seize ans, il assiste, le 24 février 1848, à la prise du château des Tuileries.

Pendant l'insurrection de juin de la même année, il est à Londres.

Au coup d'État du 2 décembre 1851, se trouvant sur le boulevard Montmartre, son chapeau est troué par une balle...

Là s'arrête sa confession sur la période impériale.

Maintenant je transcris son rôle après le 4 septembre.

« En 1870 et en 1871, je fis une patriotique campagne dans la presse en faveur de la France et contre l'Allemagne, puis, contre cette criminelle folie qui s'appelait « la Commune ». Sans elle, la République progressive et modérée, la vraie, se serait assise en France bien plus facilement, sans trouver les résistances qu'on lui a opposées, à cause du souvenir de la Commune.

Les articles que j'écrivis en 1870 et 1871 m'attirèrent la sympathie et les félicitations d'hommes bien éminents. Voici quelques titres de ces articles :

« Lettres d'un ami de la France ». — « L'opinion d'un neutre ». — « Pas de défaillance ». — « La guerre sainte ». — « La politique du bon sens ». « Un dernier mot sur les communeux et sur l'Internationale. »

Pendant le siège, j'embauchai et j'équipai *à mes frais* tous les Espagnols et Américains pour former un corps de brancardiers qui fut attaché à l'armée. Nous étions avec les docteurs Demarquay et Chenu, ce dernier surtout demandait les Espagnols dans les moments où il y avait le plus de danger à ramasser les blessés sur le champ de bataille. M. Chenu comptait particulièrement sur nous, dans ces circonstances.

J'assistai aussi à toutes les batailles et sorties du siège, lesquelles ne furent pas malheureusement assez nombreuses.

Après la capitulation, en 1871, je fus porté pour la croix, un des premiers des étrangers, par le comte de Flavigny, qui me dit que M. Thiers lui avait fait des questions et des observations sur chaque nom proposé, *excepté* sur le mien. Il ajouta la gracieuseté de m'adresser une lettre charmante en m'envoyant la croix. M. Jules Favre, alors ministre, m'écrivit aussi pour me féliciter. Ce fut un concert général dans la presse, qui embarrassait ma modestie. Je croyais avoir fait simplement mon devoir; mais on disait que j'avais fait *plus que mon devoir*, puisque, comme étranger, je n'étais pas obligé de donner mon concours, surtout en exposant ma vie, comme je l'exposais alors tous les jours.

Je dois ajouter aux services que j'ai rendus pendant la guerre les lettres pleines de renseignements que j'adressais chaque jour, *motu proprio*, à M. Thiers et à Jules Favre, à Versailles, pendant la Commune, et que nous portions nous-mêmes à Versailles; ma femme les cousait sous ses jupons, pour traverser les lignes. En prévenant chaque jour M. Thiers de ce qui se passait, j'ai peut-être contribué par là à l'entrée des troupes dans Paris.

Tout cela était spontané de ma part. »

Biguez devint administrateur de la société des volontaires de 1870-1871, parmi lesquels figuraient: MM. de Curty de la Grangerie, l'intendant général Wolff, les généraux de Cissey, Jeanningros, Grenier. Puis, on le nomma vice-président du syndicat de la presse espagnole à Paris.

Alors, il voyage; voit beaucoup de choses

connaît bien des personnes, et entre en relations avec des écrivains français tels que MM. de Laboulaye, E. de Girardin, Crémieux, Michelet, L. Blanc, Thiers, Jules Favre, le duc Decazes. Il est reçu aux réceptions de Mme Rattazzi, et fait l'ornement des salons de M. le comte de Tocqueville, de MM. Martel et Scheurer-Kestner.

Ses relations, très étendues, lui font obtenir ses entrées gratuites dans les théâtres ; et nous avons vu de quelle façon il en usait.

Dans son autobiographie, Biguez a oublié de mentionner qu'il jouait à la Bourse, et qu'en 1877 il avait été le gérant d'une brasserie mal famée du boulevard Bonne-Nouvelle, établissement qu'il abandonna pour tenir, deux ans plus tard, le café dit de « la Cascade », passage Verdeau, nº 2.

Le café ayant subi le même sort que la brasserie, il eut alors recours au commerce des vins, des fruits secs de l'Andalousie et l'on put, une ois de plus encore, constater, combien était fgrand son manque de délicatesse.

La prévention de Biguez dura deux mois, pendant lesquels les recommandations et les visites se succédèrent au Palais de Justice et à la Préfecture de police, à l'effet d'obtenir sa mise en iiberté. MM. Guillot et Andrieux résistèrent aux solliciteurs qui persistaient à envisager leur protégé, sinon comme un fou, mais bien comme un maniaque, collectionneur de lorgnettes.

Fou !... Ah ! non, il ne l'était point, car il avait trop de suite dans les idées : vols de jumelles et d'éventails, dessins, mesures, commandes de boîtes et d'étuis, caisses d'emballage, envois et vente à l'étranger par sa maîtresse, sur la discrétion de laquelle il pouvait compter, voilà un ensemble de combinaisons parfaitement coordonnées et qui repoussent au loin l'idée de la folie ou la manie du collectionneur. Aussi M. Louis, substitut, a-t-il simplement demandé pour Biguez l'application de la peine réservée aux filous vulgaires, d'autant plus qu'à l'audience correctionnelle de la Seine, présidée, le 7 août 1880, par M. Dupuy, un rentier, M. Pannetat, avait reconnu que, parmi les portefeuilles saisis chez l'inculpé Biguez, se trouvait le sien, contenant encore ses papiers, le tout soustrait, avec son pardessus, le 15 février 1880, au théâtre des Folies-Dramatiques.

Me Caraby, l'avocat de Biguez, fit ressortir d'une manière brillante le passé, la situation sociale de son client, devenu déséquilibré à la suite de pertes commerciales. Il avait déjà, ajouta le défenseur, par son originalité fait croire à des absences mentales, car l'un de ses anciens chefs pendant la guerre franco-allemande, M. l'intendant général Wolff, le considérait comme « le coupable sans le savoir ».

Manuel Biguez fut condamné à trois mois de prison. C'est la seule chose qu'il n'ait pas volée.

Que de détails précieux, instructifs, on a dû passer sous silence à ce procès, afin de sauvegarder la candeur, l'amour-propre des hommes politiques roulés par cet étranger qui, après une vie d'aventures, sans carrière définie, a joué un rôle dans notre pays et nous a joués ! On s'en est servi comme agent secret ; il l'avoue implicitement; mais là, comme ailleurs, il nous a été plus nuisible que favorable. Aussi je ne partage pas l'opinion de M. l'intendant général Wolff, qui aurait dit par la bouche de Me Caraby : « Biguez est coupable sans le savoir ». En ce cas, il n'aurait jamais cessé d'être coupable, puisqu'il filoutait constamment. Ses compatriotes n'ignoraient pas les moyens qu'il employait dans les hôtels meublés, lorsqu'il procédait à l'échange de ses vieux souliers contre des bottines neuves.

Moi, je considère cet Espagnol comme un fourbe, sans mœurs, sans pudeur, sans aucune élévation d'âme et qui, sous prétexte de nous servir, n'a fait que nous trahir. Aussi, voilà un étranger célibataire, instruit, intelligent, qui, dans son autobiographie, pages 15 et 21, déclare « qu'il a rempli son devoir de citoyen, dévoué à la patrie et aux libertés publiques, *en exposant son existence pour la France sans y être obligé* ».

C'est là précisément mon principal grief contre cet homme. De quel droit, à quel titre est-il venu se mêler à nos bouleversements politiques ? Ceux de son pays natal auraient dû lui suffire ; ils ont été aussi nombreux, aussi révolutionnaires que les nôtres, et il pouvait, soit par l'épée, soit par la plume, défendre toutes les libertés espagnoles. Son ardente passion pour la France, d'ailleurs peu justifiée, m'étonne encore davantage ; et l'on peut se demander quel a été le mobile qui l'a obligé d'abandonner l'Espagne, où il n'a même pas été soldat. Il aima mieux se soustraire aux périls de la carrière militaire, se faufiler dans nos ambulances, et finir dans la peau d'un pickpocket.

Et dire que l'on a pris si longtemps ce rastaquouère-là au sérieux !...

Déjà, avant Manuel Biguez, un autre « solitaire », Alfred Punyé Marodès, âgé de trente-cinq ans, comme lui sujet espagnol, avait été condamné le 18 septembre 1878 à dix mois de prison, par la onzième chambre du tribunal correctionnel de la Seine, présidée par M. Thirouin, pour vols de diamants, couverts et bijoux commis au préjudice de Mme Rattazzi.

A cette époque, les réceptions de l'hôtel Aquila étaient assez panachées, ses salons étaient remplis par la société cosmopolite, on y acceptait tout le monde sans contrôler personne et Mme Rattazzi, spirituelle, accueillante, hospitalière, toujours désireuse de s'instruire, puisait dans le va-et-vient d'hommes politiques, d'artistes, de littérateurs, les éléments nécessaires pour satisfaire son désir de savoir, de découvrir, de voir et de posséder. Cette nature richement douée, véritablement Protée en jupons, courtisait toutes les Muses. Après avoir été veuve de Solms, veuve Rattazzi, veuve de Rute, elle doit maintenant être fixée sur la moralité de beaucoup de ses anciens invités, au nombre desquels figuraient Manuel Biguez et Punyré Marodès, tous les deux surpris en flagrant délit de vols.

D'après le compte rendu de l'audience, Marodès circulait seul, librement, dans les chambres intimes de Mme Rattazzi, situées au premier étage de l'hôtel. Familier de l'habitation, il poussa l'oubli des convenances jusqu'à se permettre d'ouvrir des coffrets, d'examiner leur contenu et d'emporter des bijoux, dans le but d'en apprécier la réelle valeur, pour les vendre ensuite à son profit.

J'emprunte les curieux détails qui suivent au journal *le Droit* :

M. le président à l'un des témoins. — Marodès allègue un *motif* qu'il aurait eu de monter au premier étage.

Le témoin. — C'est un singulier motif. Il lui était facile de *s'isoler* dans le jardin.

Le prévenu. — En pareil cas, chez Mme Rattazzi, on est toujours invité à monter au premier.

De son côté, Mme Rattazzi a écrit ceci :

« M. Marodès n'avait aucun motif de monter au premier étage. Dans un hôtel aussi vaste que le mien, il lui était facile de trouver un autre endroit pour s'isoler. »

Mais la plus édifiante déclaration a été celle de la soubrette de Mme Rattazzi, qui, de l'air le plus naturel, a dit qu' « après chaque grand dîner, les cuillères et les fourchettes ne rentraient pas au complet, de la salle à manger à l'office ».

Quel joli monde !... Quel beau panier de pêches à quinze sous !... Et cependant des ministres et des préfets de police ont assisté à ces dîners-là !

Marodès a eu, tout comme Biguez, une existence accidentée ; il s'est fait passer pour comte, baron, puis il a pris la qualité d'ingénieur. En réalité, il s'occupait de journalisme et traduisait les articles de la presse espagnole à la *Correspondance universelle*. Pendant la guerre franco-allemande, il a pris du service dans les rangs de la légion étrangère. Au lieu de gagner honorablement sa vie, il a choisi le métier de pique-assiette, doublé de celui de pick-pocket, dans ces maisons politiques et littéraires qu'on pourrait qualifier internationales, car elles sont plus accessibles aux étrangers d'origine douteuse qu'aux Français de pure race.

Son avocat, Me Demange, a plaidé l'égarement, la folie. Mais les actes commis par son client étaient trop clairs, trop nombreux, pour que Marodès pût être considéré comme irresponsable.

Si le compatriote et ami de Biguez a été poursuivi, c'est qu'il était impossible d'agir différemment; car son arrestation ayant eu lieu après celles de domestiques chez lesquels des perquisitions avaient été opérées, l'instruction a dû suivre son cours normal.

Les nombreuses relations de Mme Rattazzi avec les gouvernements étrangers lui permirent d'enrubanner bien des boutonnières. Marodès, qui rêvait la décoration, allait l'obtenir lorsqu'il fut découvert dérobant *des couverts* en vermeil. Le commissaire de police chargé de l'enquête à son sujet profita de la circonstance : il reçut la croix destinée au voleur.

CHAPITRE VII

Les emprunts du Honduras

Après avoir fait connaître les moyens d'existence du lieutenant Henry, du colonel Gaston, du chevalier Biguez, nous allons maintenant étudier d'autres types, beaucoup plus brillants, et tout aussi coquins.

Il s'agit d'abord d'un diplomate émérite, maréchal de camp, comte de Bustelli-Foscolo, patricien, héréditaire de Venise, duc de Marignan, envoyé extraordinaire et chargé d'affaires du schah de Perse, ministre plénipotentiaire de Honduras en Italie, en Belgique, consul général de Honduras en France, ministre ou consul du Salvador puis de :

S. A. R. Georges Kastriota Scanderberg, l'héritier des rois d'Epire et d'Albanie, prince de Croïa et des colonies albanaises, duc de Saint-Pierre en Galatina, patricien de Rome, Naples et Venise, grand-maître de l'ordre noble d'Epire, de l'ordre royal de Scanderberg et de l'ordre de l'Etoile de l'Orient.

Nous présenterons les autres après le noble duc de Marignan, qui révéla son séjour à Paris à la suite des emprunts contractés par le gouvernement de Honduras et par un trafic de décorations étrangères.

Les emprunts de Honduras méritent qu'on s'y attarde un instant ; ils ont été les tristes précurseurs de ceux du Panama, et dans ces deux vastes opérations les explorateurs ont cherché à compromettre des hommes honorables.

En voici le court résumé : Sous la rubrique « Justice civile », on lit dans le journal *la Gazette des Tribunaux*, n° du 6 mars :

COUR D'APPEL DE PARIS (4e chambre)

Présidence de M. Senart.

Audiences des 21, 22, 23, 28, 29 janvier, 5 et 26 février.

EMPRUNT DE HONDURAS, ÉMIS A PARIS EN 1869. — DEMANDE DE PLUSIEURS PORTEURS D'OBLIGATIONS A FIN DE DOMMAGES-INTÉRÊTS. — MANŒUVRES FRAUDULEUSES

PAR EUX ALLÉGUÉES. — M. HERRAN, MINISTRE PLÉNIPOTENTIAIRE. — M. PELLETIER, AGENT CONSULAIRE. — MM. BISCHOFFSHEIM, SCHEYER ET LA SOCIÉTÉ SCHEYER; DREYFUS ET Cie, MEMBRES DE LA COMMISSION DE SURVEILLANCE DES FONDS DE HONDURAS. — L'EMPRUNT.

« Le Honduras, petite république indépendante de l'Amérique centrale, limité au nord par la baie de Honduras, à l'ouest par le Guatemala, au sud par les Etats de Nicaragua et San Salvador, et à l'est par la mer des Antilles, n'avait jadis pas d'histoire. Aujourd'hui, il en a une. Il a rêvé les emprunts d'Etat, il en a fait trois, il est ruiné, ses créanciers aussi. »

De 1869 à 1881, ces emprunts donnèrent lieu à une série de procès, où les auteurs et les complices de détournements considérables, commis au préjudice des Honduriens et des obligataires sérieux, ont su mêler à leurs agissements coupables des personnages d'une intégrité au-dessus de toute atteinte. C'est ainsi que, dans leurs libelles diffamatoires, leurs articles de journaux financiers, leurs correspondances officielles, ils ont calomnié M Thiers, président de la République, et son confident M. Barthélemy Saint-Hilaire; MM. de Rémusat, de Freycinet, le duc Decazes, ministre des affaires étrangères, MM. Sénart, d'Herbelot, Mathieu de Vienne, Sallantin, J. Delahaye, magistrats distingués ; M. Molard, directeur du protocole. Les uns, écrivaient ces gens tarés, nous poursuivent par ordre ; les autres ont reçu de l'argent et des croix pour violer ou faire violer les domiciles par la force, afin de s'emparer de pièces secrètes relatives aux fonctionnaires compromis dans les opérations financières de l'Etat de Honduras.

Pour masquer leurs manœuvres frauduleuses, ils ont fait habilement graviter autour des ministres, des magistrats, et parmi des escrocs d'autres notoriétés intellectuelles plus ou moins estimables. C'est ainsi que sur leurs agendas figuraient, avec des notes curieuses, souvent exactes, les noms de Mme Rattazzi et de MM. Troncin-Dumersan, Léonce Dupont, E. Dupressoir, Lamartinière, Charles Virmaitre, de la Rosa, B.-N. Révoil, Gabriel Hugelmann, directeur du journal *la Bourse*, Joly, le faux Marocain ; Bardotti, le commandeur ; G. de Belot, ministre plénipotentiaire, E. Viada, général et ministre des affaires étrangères honduriennes, Henri de Plantagenet, futur souverain ; Orélie Ier, roi d'Araucanie, don José-Maria-Médina, capitaine général de division, président constitutionnel de la République de Honduras, renversé et passé par les armes le 8 février 1878 ; V. Herran, tour à tour armateur, médecin, diplomate, capitaliste et millionnaire, A. Herran fils, E. Pelletier, consul général, Bedfort-Pim, capitaine, E. Séeghamn, Carlos, Madrid,

Félix aîné, Deschamps, T. Bénazet, les ministres de Honduras, Juan Venero, Carlos Guttierez, F. Alvarado, F. Dominici, les banquiers Dreyfus, Scheyer, Raphael et Louis Bischoffsheim, Waring frères, J. Lefèvre, Goldmidt, le roi des Mosquitos, le comte Tscherniadieff, le prince Ostanick der Mackariantz, Gossip, les présidents du Honduras, C. Arias, Soto Aurelio, le publiciste Neymarck, Santiago, évêque de Comayagua, les chargés d'affaires de Honduras, F. des Pins et P. Leiva, le grand romancier Alexandre Dumas, enfin les hommes décorés par Bustelli-Foscolo et Scanderberg, tels que : Savart, van Soolen, J. Pothé, Gillette-Damette, et Alexandre Dumas fils.

Tous ces noms sont utiles à citer, parce que ceux qui les portent ont vu, reçu le prince Scanderberg et le maréchal de camp comte Bustelli-Foscolo, soit pour les poursuivre comme de vulgaires escrocs, soit pour les défendre comme des honnêtes gens, soit encore qu'ils aient correspondu avec eux pour l'obtention de décorations étrangères. Il sera du reste encore question de plusieurs d'entre eux, qui relèvent de la publicité.

Bustelli-Foscolo a été le mauvais génie de l'Etat de Honduras, car c'est par son influence que le gouvernement a voulu contracter cinq emprunts hypothécaires, sous le prétexte d'ouvrir pacifiquement de nombreux marchés dans les principales villes, notamment à Comayagua, sa capitale. Mais les travaux les plus importants devaient être la création d'un chemin de fer interocéanique reliant du nord au sud l'Atlantique au Pacifique. Cette voie ferrée aurait, de mer à mer, servi au transbordement des navires. Or, à cette époque, il existait des impossibilités techniques, absolues, qui rejetaient un pareil projet dans le domaine de la fantasmagorie.

De ces cinq emprunts, trois seulement se sont réalisés :

Celui de 1867 a produit 25 millions.

L'emprunt de 1869, ayant pour but de liquider les embarras du premier, a rapporté 63 millions.

Celui de 1870, qui allait supprimer les obstacles jetés à travers les deux autres, a encore fourni 63 millions.

Soit un total de 151 millions, sur lesquels le gouvernement de Honduras n'a recu dans ses caisses que 21 millions. Le restant, 130 millions, n'a pas traversé l'Atlantique.

Les enquêtes administratives et judiciaires ont pu, non sans peine, faire retrouver l'emploi de 65 millions, justifié par l'énormité des sommes remises à toutes les personnes ayant, de loin ou de près, contribué au succès desdits emprunts.

Malgré les plus actives recherches, il n'a pas été possible de savoir dans quelles poches se sont égarés les 65 autres millions.

Un semblable résultat explique facilement l'insuccès des deux derniers emprunts, surtout après avoir vu figurer dans les précédents des intermédiaires aussi douteux.

Tel est le bilan des opérations déloyales dans lesquelles les responsabilités se sont débattues entre mandataires fidèles et infidèles.

Certains personnages, d'origine étrangère, s'accordant des titres officiels, ont joué des rôles néfastes par le trouble qu'ils ont jeté sur le marché des emprunts. Leurs manœuvres frauduleuses se trouvent insérées tout au long dans des écrits documentaires. On y constate que des primes importantes, disproportionnées aux services rendus, ont été remises à des gens perdus de réputation, et que des fortunes scandaleuses provenaient de sommes en souffrance que réclamaient les obligataires sérieux du Honduras.

Tous ces manieurs d'argent ont profité de l'anarchie qui a si longtemps régné dans cette république du centre américain pour vivre et s'enrichir à ses dépens. En 1821, cet Etat s'est rendu libre ; sa liberté lui a permis de renouveler sans cesse son personnel, depuis le chef du pouvoir

8

exécutif jusqu'aux plus modestes de ses fonctionnaires.

De 1870 à 1875, on ne voyait à Paris que des agents diplomatiques accrédités par ce gouvernement, ce qui motiva au ministère des affaires étrangères la convocation en bloc de toutes « ces Excellences ».

Le délégué du ministre leur demanda si une nouvelle Constitution de leur pays imposait le changement trimestriel du Président, ou si cet état de choses était le résultat d'une suite d'usurpations.

— Le Honduras est loin... très loin... s'empressa de répondre, avec impudence, un des diplomates de contrebande, et nos présidents passent et repassent, comme les chevaux dans un cirque. Il ajouta, non moins cyniquement : Nous ignorons même si le titulaire actuellement au pouvoir possède les titres nécessaires à son emploi ; car à peine savons-nous qui a signé nos nominations. De contrôle, il n'en existe pas, et les archives gouvernementales sont brûlées à chaque mouvement révolutionnaire. C'est la règle. Le Honduras fait partie de l'isthme qui réunit l'Amérique du Nord à l'Amérique du Sud ; et jusqu'au jour où le Guatémala, le Salvador, Costa-Rica, le Nicaragua et le Honduras ne formeront pas une solide et sérieuse fédération, il y aura toujours, dans chacun de ces pays, des dissensions intérieures et intéressées.

Le délégué ministériel répondit :

— Une Constitution républicaine définitive, proclamée solennellement, devait réunir ces cinq Etats sous la dénomination d'« Amérique centrale », et nous avons applaudi à cette fraternisation des peuples centraux américains.

— En principe c'est exact, en réalité c'est faux. Dans ces petites peuplades, les luttes y sont sanglantes et constamment causées par les nombreux prétendants à la présidence. Fusionnés comme déjà ils l'ont été, ces soi-disant Etats recommenceraient la guerre de frontières, pour reconquérir leur indépendance. Seule, la grande république américaine nous sortira de nos discordes civiles et militaires.

Sous des aspects divers et par ce léger aperçu, on peut juger de la valeur des représentants de Honduras, aux finances si avariées, et se rendre compte dans quelles mains sont tombés les fonds pris aux obligataires ; car, dans cet abominable pillage, les faux ministres plénipotentiaires, les faux consuls, les émetteurs d'emprunts, les banquiers, les intermédiaires, les auteurs de brochures hyperboliques, charlatanesques, n'ont été en général que des spoliateurs de l'épargne publique, chacun a prélevé sa part, et s'est largement rémunéré pour son concours.

Ce qui a le plus étonné les magistrats chargés de mettre en relief les principales figures de ces agioteurs sans patrie, c'est l'attitude du gouvernement de Honduras, qui, n'ayant jamais obtenu le règlement de ses divers emprunts, ni la quantité des titres mis en circulation, n'a pas adressé, du moins officiellement, le moindre reproche aux filous enfin démasqués, et dont quelques-uns jouissaient de l'immunité diplomatique. Ceux-là, du reste, en profitèrent pour éviter de comparaître en justice. Mais on pouvait poursuivre les autres en police correctionnelle sur des actes délictueux constatés, reconnus, tels que : annonces mensongères de tirages de titres et paiements anticipés de coupons non encore détachés. Tous se sont, il est vrai, appuyés sur leur qualité de mandataires du pays de Honduras, ce qui, dès lors, impliquait des poursuites contre le gouvernement lui-même.

Les juges d'instruction n'avaient pas à cette époque les pouvoirs de ceux d'aujourd'hui, qui, comme M. Bertulus, envoient des commissions rogatoires jusqu'au Siam (1).

Jetons un voile sur la comptabilité de caverne de cette vaste escroquerie, où grouillait un monde bizarre, mélange de bien et de mal, de dupeurs et de dupés, pour raconter sous son véritable jour la vie du comte Bustelli-Foscolo et celle du prince Skanderberg, beaux malfaiteurs, tous deux doués d'une hardiesse exceptionnelle ; et l'on verra que l'audace pratiquée de cette façon devient le génie des aventuriers.

---

(1) *Journal officiel* du 9 mars 1898.

CHAPITRE VIII.

Aventuriers de génie

SCANDERBERG. — BUSTELLI-FOSCOLO. — OSTANIK DER MARCARIANTZ. — TSCHERNIADIEFF.

Au mois de janvier 1872, la magnifique avenue de l'Opéra, qui relie la rue de Rivoli au boulevard des Italiens, portait encore la dénomination d'avenue Napoléon. C'est au n° 3, dans la maison qui fait face au Théâtre-Français, que le maréchal de camp, comte de Bustelli-Foscolo, et le prince Scanderberg, avaient fixé leur résidence. Ils occupaient, au cinquième étage, un appartement de 4,000 francs et, sur la porte d'entrée principale, était collée une étiquette blanche ainsi conçue :

AMÉRIQUE CENTRALE

Demeure du ministre plénipotentiaire de Honduras en Europe

Un cachet de cire rouge, à des armes inconnues, servait de signature.

Le ministre *Européen* non accrédité en France, et ce prince, prêt à ceindre sa couronne orientale, réunis sous le même toit, attirèrent l'attention du ministre des affaires-étrangères qui pria M. Léon Renault, alors préfet de police, d'éclairer sa religion sur ces deux personnages, déjà mêlés aux emprunts malpropres de l'Etat de Honduras.

Je fus chargé, par le Préfet, d'établir leur identité, mission d'autant plus délicate que je n'étais porteur d'aucun mandat de justice m'autorisant à pénétrer chez eux. J'y envoyais d'abord mon secrétaire, M. Leroy de Keraniou, qui m'apprit, que Bustelli-Foscolo était à Londres, et que le prince m'accordait une audience.

Nous étions au 26 février 1872, et le 1er mars l'avis suivant me parvenait :

« S. A. R. le prince Scanderberg recevra M. Macé, le dimanche 3 mars, de 10 heures à midi.

« *Le capitaine des gardes,*

« Bienil-Bey. »

Je me rendis à cette invitation mais, contre mon attente, ce fut le comte de Bustelli-Foscolo, retour de voyage, qui me tendit la main en me disant :

— Des avis officieux m'ont informé que, dans votre préfecture, on a des doutes sur ma personnalité, ainsi que sur celle du prince qui habite ici. Je suis heureux de votre visite, qui fera cesser des erreurs que mes ennemis ont intérêt à propager, sachant que je possède des cartons remplis de dossiers relatifs au gouvernement de Honduras, et que je travaille à nettoyer ces nouvelles écuries d'Augias.

— Vous avez, lui demandai-je, les pièces vous autorisant à prendre le titre de ministre plénipotentiaire en Europe?

— Parfaitement, me répondit-il.

Alors, il ouvrit un tiroir de son bureau; puis étala toutes ses nominations, rédigées en langues étrangères. Celles françaises et italiennes manquaient seules à la collection. Je lui en fis la remarque. Il s'empressa de me dire qu'il attendait, pour se mettre en règle avec ces deux nations, l'arrivée du prochain courrier hondurien, qui devait contenir les instructions du Président. Il ajouta :

— J'ai l'intention d'aller ensuite rendre visite au préfet de police; je lui remettrai, en même temps, la copie de mes titres et qualités.

— L'intention est excellente, répondis-je, et je vous engage à la mettre à exécution le plus tôt qu'il vous sera possible. Mais maintenant que le maréchal de camp comte de Bustelli-Foscolo m'a volontairement appris ce qu'il est, je lui serai obligé de me dire comment il a connu le prince qu'il abrite actuellement.

— Je l'ai rencontré dans mes nombreuses pérégrinations à travers les deux mondes, et j'ai pu apprécier son caractère loyal et chevaleresque. Il revendique le trône de son grand-aïeul, le patriote Scanderberg, qui fit cette longue guerre religieuse des chrétiens d'Europe contre les mahométans. Il vous attend ; vous allez le voir, le juger, et vous le quitterez convaincu d'avoir été reçu par un véritable souverain qui a, sous les aspects les plus doux, le tempérament de la race montagnarde de l'Albanie.

Bustelli-Foscolo me retendit la main et me fit introduire, par le capitaine des gardes, dans le cabinet de S. A. R. le prince Scanderberg. Celui-ci, assis devant sa cheminée, fumait un cigare.

A mon entrée il se retourna, prit une pose photographique et me demanda, sur un ton impérieux, ce que je désirais.

— Vous connaître, répondis-je.

Il se radoucit.

— Je sais, reprit-il, que ma présence à Paris froisse les susceptibilités du personnel de l'ambassade de Turquie, laquelle conteste mes titres à la souveraineté d'Orient. Il y a entre les Turcs et les Albanais une double guerre : d'abord de race, puis de religion ; mais la croix anéantira le croissant. L'avenir prouvera mes droits et rétablira ma puissance. J'ai de la volonté, de la patience ; j'attends l'heure, et elle arrivera ; car je représente une grande idée patriotique, et j'ai confiance dans mon étoile.

— C'est justement à propos de ces titres que le préfet de police m'a délégué auprès de vous. Avez-vous réellement le droit de les porter, ou bien n'êtes-vous qu'un imposteur ?

Le prince se leva, se dirigea vers son bureau, ouvrit un grand portefeuille dont il retira des parchemins et plusieurs liasses de lettres, puis poursuivit :

—Voici ce qui convaincra les plus incrédules. Si les parchemins sont rédigés dans une langue qui peut vous être inconnue, les lettres, au contraire, sont écrites en français et les signataires occupent ou ont occupé des situations royales.

Et le prince me montra notamment des autographes du pape Pie IX ; de Georges Ier, roi des Hellènes ; de Charles III, souverain de la principauté de Monaco, et de l'ex-reine d'Espagne, Isabelle de Bourbon. Il en lut même quelques-uns.

Pendant cette lecture, interrompue par des réflexions sur les notoriétés politiques en vue, telles que : Gambetta, Ferry, Floquet, de Freycinet, Jules Favre, Picart, j'examinais cet homme, se disant le descendant direct du héros qui contribua si puissamment à sauver l'Europe du joug des Turcs. Agé de quarante à quarante-cinq ans, de taille moyenne, ayant les cheveux, les sourcils, les yeux châtains, pourvu d'un front élevé, d'un nez assez fort, légèrement recourbé, d'une bouche petite, et dont le visage au teint mat avait l'air bon enfant. Plusieurs fois, il passa ses mains courtes, épaisses, dans sa barbe taillée en forme d'éventail. Il portait une espèce de veston de fabrication étrangère, garni de bandes d'astrakan, orné de brandebourgs et d'aiguillettes attachées sur les épaules. Son pantalon noir, très collant, faisait ressortir les formes des cuisses et des jambes ; les pieds, petits, étaient chaussés de bottines en chevreau ; un tarbouch lui servait de coiffure. Sa voix, impérieuse au début de notre entretien, était devenue très douce, et il parlait toujours de choses variées, sérieuses, avec une remarquable intelligence. Je laissai le prince continuer la revue de sa correspondance ; mais il s'arrêta pour me demander si je connaissais Alexandre Dumas fils.

— Certainement, répondis-je.

— Son père, assura-t-il, était mon conseil, mon ami ; ensemble nous avons voyagé, et sa perte m'a causé une cruelle douleur ; aussi, c'est avec un soin pieux que je conserve les lettres du célèbre romancier.

Enfin il m'exhiba la liste des décorations envoyées par lui à des ministres ; puis, les lettres de remerciement, provenant des fonctionnaires qui avaient sollicité et reçu les croix de son ordre royal d'Epire et d'Albanie. Le caractère officiel de ces lettres était incontestable et je fus étonné d'y reconnaître les noms de plusieurs de mes chefs.

— Si vous n'êtes pas encore édifié sur ma personnalité, voici, continua-t-il, ce qui enlèvera toute nouvelle suspicion à mon égard. C'est l'avis émanant des bureaux de M. Mollard m'informant que M. Thiers, Président de la République, me recevra jeudi prochain à la préfecture de Versailles, ainsi que mon excellent ami le maréchal de camp de Bustelli-Foscolo. Celui-ci lui remettra, de la part du gouvernement de Honduras, les insignes de chevalier grand-croix de l'ordre équestre de Santa-Rosa, et mon ordre d'Epire, dont je suis le grand-maître.

— Vous n'êtes pas venu à Paris, répliquai-je, simplement pour distribuer des décorations. Vous devez avoir un autre mobile ?

— Mon but principal est d'éclairer la diplomatie française sur les liens d'amitié qui devraient unir certains pays au vôtre.

— Mais, qui vous a chargé de semblables missions?

— J'en ai pris seul l'initiative.

J'allais me retirer quand le prince m'arrêta d'un geste pour me déclarer qu'il était depuis plusieurs années en relations suivies avec Bustelli-Foscolo, diplomate des plus remarquables, chez lequel, en attendant son installation définitive avec sa suite nombreuse, il était descendu.

— Vous pouvez dire monté, ajoutai-je, car nous sommes au cinquième étage.

Le prince daigna sourire et nous nous quittâmes.

Par un rapport détaillé, je rendis compte de cette double visite à M. Léon Renault, concluant que le comte Bustelli-Foscolo et le prince Scanderberg semblaient se prendre au sérieux, s'admirant l'un l'autre, comme deux charlatans. Peut-être aussi se trompaient-ils réciproquement, en se croyant, l'un en présence d'un prince authentique ; l'autre, d'un véritable ministre du Honduras. Complices ou dupes, ces deux aventuriers ne paraissaient vivre que d'escroqueries. Mais quelle en était la nature? Une perquisition minutieuse pouvait seule la faire découvrir. Certains indices laissaient à penser qu'elle prenait sa source dans un vaste commerce de décorations dont le comptoir central était en Belgique, et la succursale à Paris, avenue Napoléon, n° 3.

« M. le Préfet, écrivais-je en terminant, comprendra pourquoi je n'ai pu que gratter légèrement la surface de ce prince et de ce ministre pour en connaître les dessous. Ces dessous m'ont paru douteux. Mais ils ont su dire tout ce qu'ils n'avaient pas intérêt à cacher. »

Trois jours après mon entretien avec le prince je recevais, par l'intermédiaire de son capitaine des gardes, une grande enveloppe contenant deux brevets. Le premier, sur parchemin, imprimé typographiquement, était ainsi conçu :

ORDINE NOBILE D'EPIRO

Letere — patenti.

Noi, Giorgio Castriota Skanderbeg di re d'Epiro e d'Albania, principe eridetario de croïa e delle colonie Albanesi; duc de San Pietro in Galatina; patrizio di Roma, Napoli, Venezia; grand maestro dell' ordine nobile d'Epiro ; dell' ordine reale de Skanderbeg, e dell' ordine della Stella d'Oriente;

Visto i meriti del signor baron de Macé;

Volendo testimoniargli d'ua maniera imperitura il nostra riconoscente affeto pel suo attaccamento alla nostra persona e per i servizj resi alla causa del cristianesimo in Oriente ;

Abbiamo decretato e decretiamo :

ARTICOLO I. — Il signor barone di Macé è elevato al grado di grand'ufficiale dell'ordine nobile d'Epiro.

ARTICOLO II. — Questo grado gli conferisce il *titolo ereditario* di visconte di Tirran in Albania, col privilegio di adottare per stemma gentilizio una torre d'oro in campo azurro, parte del nostro stemma reale.

ARTICOLO III. — Il signor visconte di Tirran, baron di Macé, prende rango da quest'oggi nell'antica nobiltà dell'illustre madre delle nazioni incivilite, l'Epiro.

ARTICOLO IV. — Il gran cancelliere dell'ordine è incaricato dell'esecuzione del presente decreto conformemente agli statuti.

Dato à Parigi il cinque marzo mille ottocentoset tanta a due.

SKANDERBEG.

Visto per ispedizione registrata al folio 20, dell Libro d'Oro dell' antica nobiltà d'Epiro.

Il Gran Cancilliere.

(Signature illisible.)

En tête de ce document se trouve un écusson garni de tours et de griffes, qu'enveloppe le manteau royal sommé d'une couronne, avec croix placée au-dessus du croissant renversé. Sur l'ensemble plane cette devise : « Suivez-moi. »

Le second brevet, lithographié sur papier ordinaire, est ainsi libellé :

ARMEE CRETIENNE D'ORIENT

Noas Giorgio Castriota Kanderbey des Rois d'Epire et d'Albanie.

En vertu des droits et pouvoirs que nous donnent à la fois le devoir d'achever *l'œuvre, sainte de nos ancêtres* et la volonté des peuples restés fidèles à notre *Foi* et à notre *Patrie*;

Vu le memorandum émané de cette volonté et publiquement adressé le 15 juillet 1862 aux amis de *l'Evangile* et de la *Liberté;*

Vu le décret de la *Junte Gréco-albanaise* du 23 octobre 1862, relatif à la formation de l'armée chrétienne d'Orient;

Sur le rapport motivé de notre secrétaire au département de la guerre,

Avons nommé et nommons M. le baron de Macé au grade de colonel dans notre armée chrétienne d'Orient.

Donné à notre quartier général le 5 mars 1872.

KANDERBEY,

Vu pour expédition et enregistré sous le n° 32.

Pour le secrétaire
au département de la guerre,

(Sgnature illisible.)

Le capitaine des gardes portait comme uniforme une coiffure rouge qui lui donnait l'air d'une bouteille cachetée ; il réclama, au nom de son souverain maître, un reçu de ces deux pièces.

— Cela, répondis-je, incombe à M. le préfet, auquel je vais adresser ces deux brevets, et qui indiquera la réponse d'usage à ce genre d'envoi. Votre souverain maître, comme vous le nommez, doit savoir qu'en aucun cas les fonctionnaires ne peuvent accepter une aussi haute faveur sans l'assentiment de leurs chefs. N'ayant pas sollicité celle-ci, j'espère que mon nom sera rayé de la liste des quémandeurs à ces distributions de titres, malgré les avantages qu'elles procurent aux titulaires. Jusqu'ici, je n'ai rendu aucun service à S. A. R. le prince Scanderberg, et ce n'est point sur les terres de l'Albanie, qu'elle daigne me concéder, que j'irai me battre ou me reposer à l'époque de ma retraite ; mon pays me suffit. Je crois bien que vous partagez mes idées, car, si ma mémoire est fidèle, le capitaine des gardes Bienil-bey n'est autre que Bienelli, l'inspecteur de la police municipale pensionné récemment.

— C'est exact, dit-il. Après la liquidation de ma modeste pension, c'est votre ami et collègue M. Giobergia qui a facilité mon entrée chez monseigneur.

— Et quel est votre traitement ?

— Dix-huit cents francs.

— Et le nombre de vos gardes?

— Il sera de trois cents, que je suis chargé de recruter.

— Vous avez les pouvoirs nécessaires ?

— Ils sont établis par ma nomination de capitaine dans l'armée chrétienne d'Orient.

— Vous croyez donc sérieusement aux titres de Scanderberg ?

— J'en suis convaincu ; mais s'il n'est pas prince, il mérite de l'être. Scanderberg n'est pas un nom de rastaquouère.

— C'est pour cela qu'il s'en sert.

— Il reçoit des personnages officiels et je porte journellement des plis cachetés à ses armes dans les administrations publiques. Puis, j'ai assisté à des remises de croix. La dernière remonte à huit jours ; c'est un petit bossu, propriétaire avenue des Champs-Elysées, qu'on a sacré chevalier de l'ordre noble d'Epire.

— Et comment se passe une telle cérémonie?

— Au fond de la pièce de réception, ornée de drapeaux, se trouve, placé sur un gradin, le trône recouvert de velours rouge frangé d'or. A droite, à gauche et derrière le trône prennent place les invités, les uns en costume, les autres en habit noir, cravate blanche, et tous chamarrés d'innombrables croix. J'y ai vu : Orélie Ier, roi d'Araucanie, le roi dés Mosquitos, le maréchal de camp

Bustelli-Foscolo, le prince arménien Ostanik der Marcariantz, le comte Tscherniadieff, le commandeur Bardotti, G. de Belot, ministre plénipotentiaire du Honduras en Belgique, le prince marocain Abdallah el Guennaori, et les membres de la colonie espagnole.

M. de la Rosa, grand maréchal du palais, homme honorable, distingué, habitant galerie de Montpensier, n° 36, introduit le futur décoré, au moment où Son Altesse Royale, revêtue de son riche et magnifique costume de souverain oriental, vient prendre place sur le trône. Il est vraiment beau et majestueux ! Le postulant met un genou à terre, jure fidélité au roi, et s'engage à faire la guerre aux infidèles. Le serment accompli, le prince se lève; M. de la Rosa lui présente deux épées nues, que monseigneur place d'abord en forme de croix au dessus de la tête du récipiendaire; puis il le frappe, sur les épaules, avec les mêmes épées, en prononçant ces paroles :

« Au nom de mes aïeux, nous, prince de Scanderberg, roi d'Epire et d'Albanie, te faisons chevalier de notre ordre royal. »

Enfin, il lui donne l'accolade.

— Cela a dû coûter cher au petit bossu propriétaire?

— Un cadeau.

— En argent?

— Je l'ignore.

— Ce cérémonial aurait du succès sur la scène d'un théâtre comme celui du Palais-Royal, où la comédie provoque le rire. Votre prince ainsi que ses invités y figureraient avec avantage.

— Le sacre a eu lieu plusieurs fois, non au théâtre dont vous parlez, mais bien dans les bureaux de la Banque du Consulat, rue de la Chaussée-d'Antin, n° 18, qui met à la disposition de ses clients plusieurs pièces de son immense local.

Le 8 mars, M. Patinot, chef du cabinet de M. Léon Renault, me confia le dossier administratif du prince Scanderberg. « Vous verrez, me dit-il, qu'il est rempli de notes, de rapports qui n'ont aucune corrélation. Il s'agit de vous rendre, demain matin, avenue Napoléon afin d'y constater officiellement l'identité de ce faux prince. Il doit avoir séjourné à la prison de Mazas sous le nom de del Prato ; son casier judiciaire a été brûlé au mois de mai 1871 ; mais parmi les pièces du dossier vous trouverez la copie du registre d'écrou de cette maison cellulaire et vous comparerez les deux signalements. Voici l'ordre par écrit du préfet. Quant à Bustelli-Foscolo, nous nous occuperons de lui plus tard, il faut même éviter de le rencontrer. »

Le lendemain, à huit heures du matin, j'étais,

avec M. Leroy de Kéraniou, au domicile du prince Scanderberg, qui, au reçu de ma carte, s'empressa de me recevoir.

Je lui fis connaître le but de ma visite.

Il me pria d'éloigner mon secrétaire.

Alors j'examinai le cabinet où nous étions, et après avoir constaté qu'une seule issue permettait d'en sortir, j'en confiai la garde à M. de Kéraniou.

Aucune indiscrétion n'étant plus à craindre, je puis commencer mon interrogatoire et je m'assis en face de lui.

— Dites-moi, je vous prie, quel est votre véritable état civil?

— Je n'en ai qu'un, répondit-il sèchement.

— Et lequel?

— Georges Kastriota Scanderberg, prince héréditaire de Croïa et des colonies albaniennes, duc de Saint-Pierre en Galatina, patricien de Rome, Naples et Venise, né le 20 octobre 1840 à Croïa, ancienne capitale des Etats d'Epire et d'Albanie.

— Êtes-vous marié?

— Je suis célibataire.

— Quelle est votre résidence habituelle?

— Florence, via dei Serragli.

— Avez-vous des pièces justificatives?

— Je vais vous montrer la généalogie de ma famille.

— Vous n'avez pas autre chose ?

— Que vous faut-il encore ?

— Un simple extrait de naissance, ou de baptême, serait plus facile à contrôler que la filiation de votre famille ; car, depuis plusieurs siècles, les Scanderberg sont morts sans laisser de postérité, et la fabrication de faux titres de noblesse est un art qu'on a poussé fort loin surtout parmi les gens qui n'ont ni patrie ni état civil régulier.

— En Albanie, il n'y a pas de registres pour l'état civil ; mais la cour de Gênes a, par un arrêt motivé en date du 27 mai 1871, reconnu mes titres de dernier descendant du grand patriote Scanderberg. D'ailleurs, le vicomte de Fabry, lieutenant colonel du 1er régiment des éclaireurs de la Seine ; MM. Gatines, notaire ; Labbé, avocat à la cour d'appel ; Delaporte, avoué ; Léger, huissier, vous certifieront mes noms et mes qualités. Voici un acte de notoriété, dressé à ma requête, sur les affirmations désintéressées de MM. de Mahon de Monagham, consul de France à Bologne, (Italie) ; Fort, publiciste à Paris ; Fosse, rentier ; A. de la Rosa, et du maréchal comte de Bustelli-Foscolo, ministre plénipotentiaire de la République de Honduras.

— Si la généalogie de votre famille est si bien établie, pourquoi cette dernière et récente attestation ?

— La pièce importante, l'arrêt de la cour de Gênes, est à Florence, et ce sont les amis que je viens de citer qui m'ont engagé à me munir de ce nouveau document.

— La plupart de vos amis sont honorables, de bonne foi et disposés à ouvrir leur porte aux nombreux prétendants qui nous arrivent de l'Orient, ou même de l'Occident. Mais ils ignorent ce que vous n'ignorez point; car, avec votre instruction si complète, si variée, vous permettant de parler les langues de l'Europe et de l'Asie, vous devez savoir qu'il y a des peuples destinés à être dispersés; asservis par la domination étrangère. l'Arménie, l'Albanie sont classées dans cette catégorie-là; aussi l'esprit d'intrigue y a composé des partis soutenus par des aventuriers de génie. Vous ne seriez donc pas le premier qui, à l'aide de moyens fallacieux, chercherait à se jouer du public en exhibant des titres dont l'authenticité échappe à tout contrôle, en raison même de leur ancienneté d'origine, et des pays d'où ils émanent. Seules, les natures confiantes, impressionnables ou intéressées, sur la vue de parchemins très ornementés, prêtent leur concours pour la confection d'actes de notoriété. C'est ainsi que des intrigants finissent par obtenir des papiers ayant un caractère officiel, mais dont la source ne supporte pas la plus petite analyse. L'autorité, malgré les témoignages formels de MM. Mahon de Monagham, Fort, Fosse, de la Rosa et de Bustelli-Foscolo, qui vous déclarent l'héritier direct des Scanderberg, a le droit, le devoir, de se montrer plus perspicace, plus réservée, sur la forme et le fond de l'acte dressé par Me Gatinés, notaire. D'autant plus que tous probablement ignorent que vous avez eu des désagréments avec la justice, et que sous le nom de del Prato, né à Naples, vous avez été condamné à Paris, le 15 février 1859, à six mois de prison pour escroqueries. Si les incendies de mai 1871 ont anéanti les casiers judiciaires, les registres de nos établissements pénitentiaires sont restés intacts; et voici la copie de votre écrou à la maison cellulaire de Mazas.

Le prince fit un léger mouvement ; il semblait ému.

— Vous ne répondez pas? ajoutai-je.

— Je proteste contre cette infamie, dont j'exige la preuve immédiate.

— Cette preuve existe sur votre main gauche, qui porte des traces de cicatrices.

— Je n'ai jamais été blessé à cet endroit-là.

— Vous l'avez donc été ailleurs?

— Oui, au côté droit, quand je vous combattais dans l'armée russe, à votre expédition de Crimée.

— Quel âge aviez-vous?

— Vingt-six ans.

— Alors, vous n'êtes pas né en 1840. La guerre franco-russe remonte à 1854-1855. Cette date vous donnerait de quatorze à quinze ans, tandis que vous en aviez vingt-six : ce qui porte votre naissance à 1828, comme celle de del Prato. Voilà un premier point éclairci. Maintenant, examinons la cicatrice que del Prato avait sur la main gauche.

Et je m'emparai de la main de Son Altesse Royale.

— Voyez, lui dis-je, ce sillon que le temps a beaucoup atténué.

— Ce n'est rien.

— Ce rien là est tout... Fermez votre main.

A cette brève injonction, le prince obéit. Sans respect pour sa royale personne, je donnai une assez forte claque sur sa main ; la peau devint rouge, et la ligne imperceptible, reste de la blessure, s'accentua tellement que le descendant des Scanderberg se frappa le front en s'écriant :

— J'avais oublié cette blessure, conséquence de mon premier duel avec le marquis Darmezanel.

— Mais, c'est aussi le nom que s'attribuait del Prato.

Après tant d'assurance, le prince, regrettant la maladresse de cette réponse qui le découvrait, sentait que le terrain sur lequel il piétinait allait se dérober ; il se leva, se croisa les bras et dit :

— Définitivement, que me veut-on?

— Connaître vos ressources, qui laissent planer un doute fâcheux sur vos moyens d'existence.

— Je m'occupe de peinture, et je vends des tableaux provenant de l'héritage de mes ancêtres... Et puis...

— Et puis... Vous obliger à quitter le territoire français.

— Pas avant d'avoir prouvé que je suis de sang royal, et de sang héroïque.

— Combien de temps vous faut-il pour cela?

— Quinze jours.

— Prenez cet engagement par écrit.

— Je veux, avant, consulter mon ami Bustelli-Foscolo.

— C'est inutile. Je n'ai pas mission de le voir, et je vais clore le procès-verbal, que vous aller signer.

Cette fois, j'étais assis et lui debout.

Le prince hésita; j'insistai. Il allégua que la dignité du nom qu'il portait ne lui permettait pas de l'apposer au bas d'un acte de police.

— Dites plutôt que cela vous est difficile, car, signer del Prato, c'est vous reconnaître, et signer Scanderberg, c'est commettre un faux. Je n'ai donc plus qu'à me retirer, et je crois que nous ne nous reverrons plus!

— Pourquoi?

— Parce que vous allez sans doute quitter la France.

— Pas avant d'avoir fait condamner les journaux *le Figaro, le Gaulois* et *la Gazette des Etrangers*, qui ont inséré des articles diffamatoires me concernant.

Et Son Altesse Royale me conduisit jusqu'au seuil de la porte de son cabinet, derrière laquelle se tenait M. Leroy de Keraniou.

Je remis à M. Patinot mon procès-verbal de constatation, sur le vu duquel M. Calmon, sous-secrétaire d'Etat au ministère de l'intérieur, prit un arrêté d'expulsion contre le sieur del Prato, dit Scanderberg, et que le commissaire de son quartier lui notifia.

Ce nouvel arrêté en confirmait un précédent, daté de Versailles, le 21 février 1872. Malgré ces deux actes, il refusa de quitter la France. On attendit pour le prendre au collet, et le jeter hors du pays, que son procès avec les journaux fût terminé. Ce procès occupa, le 5 avril 1872, une partie de l'audience de la 10e chambre du tribunal correctionnel, présidée par M. Glandaz. Scanderberg demandait 200,000 francs de dommages-intérêts, à M. Edmond Tarbé, directeur du *Gaulois*, à M. Villemessant, rédacteur en chef du *Figaro*, et à M. Magnard, rédacteur au même journal. Son Altesse Royale fit insérer dans les feuilles publiques que ces 200,000 francs, qu'il doublerait, soit 400,000 francs, seraient versés à la souscription des Femmes de France. C'était habile : dans la circonstance où il se trouvait, il ne pouvait mieux dire.

Voici la teneur de l'article incriminé paru le 14 février 1872 au journal *le Figaro* :

Nous avons demandé l'autre jour des renseignements sur un certain prince Scanderberg ; le *Gaulois* de ce matin nous les apporte fort complets, et en même temps nous recevions de Marseille une lettre qui nous mettait au courant du passé de ce prince fantaisiste. Il débarqua en 1864 sur la Canebière, en piteux état ; il manquait de linge, mais il prodiguait des brevets de colonel et même de général en chef de l'*armée chrétienne d'Orient*.

Un pharmacien bénévole fut nommé fournisseur de cette armée, dont le chef s'intitulait alors *descendant des rois d'Epire et d'Albanie*. Depuis, la mystification s'est perfectionnée : de descendant de rois, Scanderberg est devenu roi lui-même. Alexandre Dumas, qui avait été floué par lui, prétendait qu'on devrait l'appeler le *roi... des pires filous*.

Donnons maintenant la parole au *Gaulois* :

« La personne qui voudrait, au prix modeste de dix sous, se procurer un brevet de grand-croix de l'ordre de l'Etoile d'Epire, peut s'adresser au comte d'A..., propriétaire aux Champs-Elysées. Ce gentilhomme céderait au même prix le titre de grand chambellan d'un prince venu à Paris avec huit chemises pour y faire un emprunt de cent millions — douze millions et demi par chemise !

« D'un autre côté, si un propriétaire est friand de loger un farceur, dans des conditions avantageuses — pour le locataire, — qui ne demande qu'à être bien nourri et à ne jamais s'occuper de questions de ménage, surtout de règlements de compte, il peut aller cueillir sur le macadam le susdit prince et tout son état-major, que le comte d'A... vient de mettre hors de son hôtel.

« Il y a quelques jours, le prince en question s'est présenté chez la reine Isabelle, accompagné de huit individus costumés en Albanais, fustanelle, veste brodée, poignard à la ceinture, sabre au côté.

« L'ex-souveraine reçut tout ce monde avec les plus grands égards.

« Ce fut alors que le frère de don François d'Assise se rendit à l'ambassade turque et apprit que le Scander-Beg n'était connu que par ses nombreuses farces.

« Après un premier séjour en France, il se rendit en Italie, où, grâce à des habiletés que la justice qualifie autrement, il passa cinq années dans la solitude la plus officielle. »

Voilà le personnage, et nous ne sommes pas fâchés d'avoir flairé de loin un puff dont les journaux sérieux ont eu le tort de se faire complices, en annonçant l'arrivée, le départ et la générosité de ce successeur de Pyrrhus, qui venait manger son incalculable fortune en France.

Comme il faut être charitable pour ses confrères, nous aimons à supposer qu'ils ont été tout simplement trompés eux-mêmes.

FRANCIS MAGNARD.

M. Henri Labbé, avocat, a soutenu la demande du prince de Scanderberg.

Me Carraby et Me Lachaud ont présenté la défense des prévenus.

M. l'avocat de la République Tanon a requis l'application de la loi.

Le tribunal a rendu son jugement en ces termes :

Attendu que le plaignant, se prétendant prince de Scanderberg, dénonce les journaux *le Figaro, le Gaulois* et la *Gazette des Étrangers* comme contenant des diffamations à son égard ;

Attendu que, dans l'article publié par le *Gaulois* le 12 février 1872, commençant par ces mots : « La personne qui voudrait au prix modeste de dix sous... » et finissant par ceux-ci : « O Parisiens, Parisiens ! » l'auteur accuse le prétendu prince de faire partout des dupes en jouant une indigne comédie et d'avoir subi en Italie une condamnation de cinq années pour crime ou délit ;

Que la *Gazette des Étrangers* reproduit le même article dans son numéro du 14 février ;

Qu'enfin le *Figaro* le fait précéder et suivre de réflexions qui ajoutent encore aux imputations contenues dans l'article du *Gaulois*, en déclarant notamment qu'Alexandre Dumas qui avait été floué par lui prétendait qu'on devait l'appeler le roi des pires filous ;

Que ces articles et assertions constituent évidemment des imputations diffamatoires ;

Attendu qu'en admettant même que le plaignant soit véritablement le chevalier d'industrie qu'ils dénoncent comme ayant été, sous le nom de « del Prato », condamné en 1859, il n'appartient à personne de déverser l'injure et l'outrage même sur un homme déjà flétri par la justice ;

Que l'intention de nuire résulte évidemment des termes et de la forme des articles incriminés;

Attendu que Magnard, auteur de l'article publié par le *Figaro*, s'est rendu complice du délit commis par de Villemessant, en lui fournissant les moyens de le commettre;

Que ces faits constituent des délits prévus et punis par les articles 1, 13 et 18 de la loi du 17 mai 1819, 59 et 60 du Code pénal;

En ce qui touche les dommages-intérêts :

Attendu que le plaignant ne justifie d'aucun préjudice; faisant application de l'article 18 de la loi du 17 mai 1819, et de l'article 59 du Code pénal susdits, dont il a été donné lecture :

Condamne Tarbé, Magnard et de Villemessant chacun en 1 fr. d'amende, et, pour tous dommages-intérêts, aux dépens, se montant à 43 fr. 65 centimes.

Ce jugement étrange augmentait encore les certificats d'identité non moins étranges déjà délivrés à ce rusé coquin, sans état civil régulier; et cependant Me Lachaud, dès l'ouverture des débats, avait posé les conclusions suivantes :

Il plaise au tribunal, attendu que, par assignation du 6 mars 1872, MM. Magnard, de Villemessant et Tarbé sont cités en police correctionnelle à la requête de S. A. R. monseigneur le prince Skanderberg;

Attendu que la famille des princes Skanderberg est éteinte depuis plus de trois cents ans;

Que le chef de cette famille mourut en 1467, laissant un fils qui mourut à son tour sans postérité en 1525;

Attendu que, durant plusieurs siècles, il n'avait pas été parlé de cette famille de Skanderberg, lorsque vers 1780 un aventurier du nom de Stefano Zemmoristat se prétendit descendant des princes Skanderberg, fut arrêté et mourut en prison en 1784 ;

Attendu que le personnage qui prend aujourd'hui le nom de prince Skanderberg n'y a aucun droit ; et, sans qu'il soit besoin d'examiner qui il peut être, il a lieu de demander la nullité de l'assignation donnée sous un nom qui n'est pas le sien ;

Par ces motifs,

Déclarer nulle l'assignation donnée au nom de S. A. R. le prince de Skanderberg et renvoyer les prévenus de la plainte.

Le tribunal a statué sur ces conclusions dans les termes qui suivent :

Le tribunal,

Attendu que Magnard et consorts demandent la nullité de l'assignation à eux donnée le 6 mars 1872, par le motif que le plaignant ne serait pas prince de Scanderberg et que cette famille serait éteinte depuis trois cents ans ;

Attendu que, sans préjuger la question de savoir si le demandeur est ou non prince de Scanderberg, il est certain que c'est lui qui a été désigné dans les articles dont il se plaint ;

Qu'avec ou sans droit, il porte habituellement ce nom et est connu sous ce titre, et qu'il ne peut y avoir doute sur l'identité du demandeur et de la personne nommée dans les journaux ;

Attendu que l'assignation est d'ailleurs régulière en la forme, et qu'il n'y a pas lieu, dès lors, à accueillir l'exception de nullité,

Rejette, et ordonne qu'il sera passé outre aux débats.

Après de semblables conclusions et un pareil jugement, on voit que, même au Palais de Justice, les étrangers sont chez eux, puisque, sous un pseudonyme quelconque, des aventuriers sans nom, sans domicile, sans métier reconnu, qu'ils soient escrocs, voleurs, faussaires ou assassins, peuvent, avec l'élasticité de nos lois, faire condamner pour de prétendues diffamations d'honnêtes gens qui, dans un but d'intérêt public, ont eu le courage de les démasquer.

Aussi le prince Scanderberg s'empressa-t-il de publier dans les gazettes étrangères ce jugement intéressant sa personne, non pas *in extenso*, car il fit de larges et intelligentes coupures. Il allégea les attendus gênant sa dignité outragée, en ne laissant subsister de son précieux document que la condamnation infligée aux grands journaux parisiens. Cela lui permit de continuer à vivre encore longtemps aux dépens des autres.

Et, chose surprenante, s'il n'a pas voulu obéir aux arrêtés d'expulsion du ministre de l'intérieur, il n'a pas non plus cherché à les attaquer. Sentant que les éléments de preuves sérieuses manquaient contre lui, que la police était encore impuissante à établir d'une façon nette, précise, son véritable état civil, il attendit de nouvelles luttes avec d'autant plus d'assurance que les décorations qu'il avait su fort habilement semer dans les bureaux de la préfecture de police lui permettaient de se tenir au courant d'une procédure dont il aurait dû ignorer les actes. D'un autre côté, l'inquiétude le gagnait, car il ne pouvait oublier que Me Lachaud, le défenseur du journal *le Figaro*, avait été aussi le sien en 1859, au tribunal correctionnel de la Seine, où l'avait conduit une plainte en escroquerie contre lui sous le nom de del Prato.

Il fallait pourtant avoir raison de ce coquin. Je persuadai à M. Léon Renault qu'une perquisition générale pratiquée avenue Napoléon amènerait la découverte du panier de pêches à quinze sous, décrit par Alexandre Dumas fils. « Faites d'abord une enquête aussi minutieuse que possible, me dit ce magistrat, et sans trop éveiller l'attention de Bustelli-Foscolo et de Scanderberg ; si vous trouvez des traces de manœuvres frauduleuses dans l'existence de ces deux hommes, je m'entendrai à leur sujet avec le procureur de la République. »

Je recueillis bientôt sur eux les renseignements qui suivent :

Je commence par Scanderberg.

Le 16 novembre 1871, il arrive à Paris, et loge à l'hôtel du Helder sous les titres et qualités qu'il se donne ; il venait de Marseille. Ensuite, il habite, rue de l'Isly, un appartement de 250 francs par mois ; il y prend ses repas. Son service se compose simplement d'une femme de ménage, payée à raison de 25 centimes l'heure. Là se font les premières présentations. Mais au bout de vingt jours, se trouvant, dit-il, trop à l'étroit pour y recevoir l'archevêque de Paris, le vice-roi d'Egypte et l'ex-reine d'Espagne, il va s'installer rue du Bel-Respiro, n° 4, chez le comte d'Alcantara, où il consacre plusieurs soirées à ses amis. On y annonce MM. Bazoche de Kerjulien, se disant fils de l'amiral de ce nom ; Fort, publiciste ; de la Rosa ; Gaze Walesley, général anglais ; Mahon de Monagham ; Platon, Roa, et Orellana, généraux mexicains ; Tafali, ancien ministre de Daniel Manin à Venise ; Fosse, rentier ; Bienil-bey, et une infinité d'autres étrangers de passage à Paris, aussi illustres qu'inconnus. Mais l'argent manque... Dix-huit jours après, il déménage encore, pour aller habiter en partie l'hôtel de la baronne Meyendorff, rue Barbey-de-Jouy, n° 20. Il propose à sa nouvelle propriétaire moyennant 450,000 francs, une bagatelle, disait, il, de lui acheter son hôtel, dont l'acquisition ferait plaisir à la princesse Scanderberg. Or, le faux prince serait célibataire. Poursuivi par ses créanciers, il va, en toute hâte, se réfugier avenue Napoléon, n° 3, chez le ministre plénipotentiaire comte de Bustelli-Foscolo. Il est en sécurité dans ce nouveau domicile, qu'il croit inviolable. Ne pouvant solder son tailleur de la rue de Richelieu son cordonnier de la rue Vivienne, son chemisier de la rue Saint-Honoré, son coiffeur de la rue des Petits-Champs, et son photographe de la rue de Rivoli, il leur accorde, comme compensation, son portrait en costume de souverain albanais, et le droit de mettre sur leurs papiers commerciaux le titre de « Fournisseur de S. A. R. le prince Scanderberg ». M. de la Rosa, son grand maréchal du palais, est chargé de leur notifier, par écrit, cette faveur insigne. Afin de se procurer des fonds, il cherche à vendre aux gens crédules les tableaux de ses ancêtres. Ces tableaux, estimés par lui 500,000 francs, ne seraient que des copies étrangères, signées de noms apocryphes. On le voit en relations avec des agents d'affaires, des marchands de terrains, des vendeurs de peintures, des amateurs d'autographes, des numismates, et, chose rare, les bijoutiers manquent à cette collection de commerçants.

Le prince a la mémoire heureuse, l'esprit de circonstance ; il est très érudit, et les langues anciennes ne lui sont point étrangères. Il a de nombreuses connaissances dans le monde consulaire, et par la voie des feuilles diplomatiques, il use largement de la réclame.

Voici la copie du dernier article paru dans le *Journal des Consulats*, n° du 15 février 1872.

RUSSIE. — Le tzar poursuit aussi sans relâche ses immenses armements ; on annonce une nouvelle levée de six hommes sur mille.

Les côtes de la Baltique se hérissent de canons, la flotte de la mer Noire reçoit des renforts considérables, et plus de quinze cent mille hommes, armés et équipés à la perfection, sont prêts à entrer en ligne.

Contre qui se font ces formidables apprêts de guerre ?

L'heure suprême de la Turquie s'approche-t-elle ? Si nous en croyons des correspondants bien informés, les populations chrétiennes de l'empire turc sont prêtes à se soulever. L'Epire et l'Albanie surtout attendent, avec une belliqueuse impatience, l'arrivée du prince Scanderberg, le descendant du héros Georges Castriot, qui défendit l'Europe contre l'invasion mahométane.

Le jeune prince compte des partisans en grand nombre, et on assure que l'Albanie et l'Epire se soulèveront à sa voix.

Ce journal, imprimé à Bruxelles, a pour directeur M. G. de Belot, avocat, ministre plénipotentiaire de Honduras en Belgique. Les bureaux sont situés à Paris, à la Banque des Consulats, 18, rue de la Chaussée-d'Antin. C'est dans ce local que S. A. R. le prince Scanderberg consacre les chévaliers de son ordre d'Epire et d'Albanie, en compagnie de Bustelli-Foscolo, autre ministre de Honduras en Europe, sur le compte duquel j'ai obtenu les renseignements qui suivent :

Sa naissance, comme celle de son ami Scanderberg, reste environnée de nuages. Des papiers, il en possède comme les beaux filous mêlés au grand monde et dont la nationalité est incertaine. Il prétend se nommer Bustelli-Foscolo et être né en Italie. Mais ce double nom ne figure pas sur les registres de l'état civil. On trouve seulement dans les greffes de la police correctionnelle italienne celui de Bustelli, poursuivi en 1847 à Livourne, pour usurpation de titres ; en 1854, à Pise, pour escroquerie, et en 1855, pour faux en écriture. Cependant il n'est pas justifié que ces poursuites aient été suivies de condamnations.

En 1871, à Rome, il cherche à faire valider par les tribunaux un acte d'adoption : il voulait joindre au nom de Bustelli celui de Foscolo, et le titre de comte. L'acte d'adoption ayant paru suspect aux juges romains, on lui refusa cette autorisation.

A la suite de colossales entreprises plus ingénieuses que légales, il acquit de la notoriété dans le monde de la finance véreuse d'Europe. Presque toutes ses opérations aboutirent à la ruine des actionnaires. Avec la complicité d'agioteurs cosmopolites, il fit de grands coups de Bourse et de fortes razzias d'argent, puis la vaste escroquerie des emprunts du Honduras couronna sa carrière de faussaire. Riche un moment de l'argent des autres, il voulut, en habile homme, posséder des titres et recevoir des honneurs officiels. Il chercha, sans y parvenir, à se faire agréer en Belgique, en Italie, en Grèce, comme ministre plénipotentiaire de ce gouvernement de Honduras qu'il avait tant volé. Alors il se nomma lui-même agent diplomatique de cette république, aux relations lointaines et difficiles. Mais sa situation irrégulière et ses antécédents fâcheux l'empêchèrent d'obtenir l'*exequatur*. Ses lettres de créance ne paraissaient pas naturelles et semblaient plutôt sortir d'un office douteux d'agents d'affaires que d'un ministère.

Il n'en continua pas moins à s'attribuer publiquement les titres que les chancelleries refusaient de lui reconnaître.

J'énumère ici les qualités qu'il se donne, dans sa correspondance et sur ses cartes de visite :

« Maréchal de camp, général d'armée, comte Bustelli-Foscolo, duc de Marignan, patricien de Venise, commandeur de Malte, envoyé extraordinaire et chargé d'affaires du Schah de Perse, ministre plénipotentiaire de Honduras en Italie, en Belgique, en Grèce, et consul général du Salvador en Europe. »

Comme maréchal de camp, il n'assista jamais à aucune bataille ; cependant, ses photographies le représentent à cheval, en tenue de général, et l'épée nue à la main.

Comme ministre et consul, il n'a pu nulle part obtenir l'*exequatur*.

Sous n'importe quel costume, il sent le rastaquouère.

Cet escroc joue le rôle de grand seigneur, et reçoit également les vrais et les faux princes. Des vrais, il en fait des dupes ; et des faux, ses complices.

Scanderberg et Bustelli-Foscolo ne paraissent avoir d'autres moyens d'existence que la spéculation sur l'orgueil et la sottise humaine, par la vente de décorations non reconnues, et de faux titres nobiliaires.

Une instruction judiciaire pourra seule mettre fin à ce commerce illicite.

Tous les deux sont célibataires. Les femmes semblent leur être complètement étrangères.

Le 24 avril, à midi, assisté de M. Leroy de Keraniou, des agents de la sûreté Sage, Bonnefond et Gorcy, je me transportai pour la troisième fois avenue Napoléon, n° 3, où la servante Madeleine Prin, d'origine italienne, intelligente, fine, me déclara que le prince Scanderberg était en voyage, et qu'elle attendait son maître. A ce moment, Bustelli parut. Je lui donnai lecture du mandat de perquisition qui le concernait, ainsi que toutes les personnes ayant pris leur résidence à son domicile. Il se récria contre cette violation, d'autant plus grave qu'en sa qualité de ministre plénipotentiaire il jouissait de l'immunité diplomatique.

— Il faut, lui répondis-je, mettre un terme à cette comédie, et c'est à M. Mathieu de Vienne, juge d'instruction, que le prince et le ministre devront enfin justifier de leurs titres et de leurs réels moyens d'existence.

— Ma manière de vivre, répliqua-t-il, *repose sur mes projets* relatifs à la prospérité du gouvernement de Honduras.

— Il est établi que les gens qui se sont le plus occupés de ce malheureux État, ruiné par ses emprunts, n'ont reçu de lui aucun pouvoir.

— Les miens sont en règle depuis longtemps.

— Vous m'avez déjà dit cela, le dimanche 3 mars; vous deviez même aller présenter vos titres et qualités à M. le préfet de police. C'est par prudence, sans doute, que vous avez jugé cette visite inutile?

— Non pas; je veux qu'il me connaisse. Je lui prépare un travail relatif aux emprunts du Honduras, et qui doit l'éclairer sur les personnes toujours disposées à continuer de fournir les fonds nécessaires. Elles ne sont d'ailleurs pas à plaindre, de ne pouvoir résister à la séduction, de toucher de gros revenus! Quant à moi, on ne peut rien me reprocher; car j'ai constamment *pris les intérêts* des actionnaires.

— Et tout leur capital.

— J'ai le dossier qui prouvera le contraire à mes ennemis, MM. Herran et Pelletier. Ces deux hommes, le beau-père et le gendre, contestent ma nomination de ministre plénipotentiaire, et m'accusent, à tort, de malversations.

— L'un et l'autre ont reçu l'*exequatur* qui leur permet d'exercer leur ministère à Paris : le premier, comme ministre du Honduras; le second, comme consul du même pays. Cette faveur ne s'accorde, en France, qu'à des personnalités honorablement connues.

— Pourquoi ne me l'accorde-t-on pas?

— En raison de votre vie aventureuse.

— On peut avoir une existence pleine d'aventures sans être un aventurier.

— Je ne suis pas chargé de vous interroger sur ce sujet; je dois simplement examiner vos papiers, ceux du prince Scanderberg, et saisir ce qui concerne votre agence de décorations étrangères.

— Son Altesse Royale est absente. Elle est mon hôte; c'est un abus de pouvoir que vous allez commettre contre mon ami si vous prenez connaissance de ses lettres en dehors de sa présence.

— La vôtre me suffit. Je vais commencer mon

opération par le cabinet de travail qui vous sert de chambre à coucher.

Et je donnai l'ordre aux agents de ne laisser sortir personne, mais de recevoir quiconque se présenterait.

La perquisition ne dura pas moins de six heures. Bustelli discutait la plus petite note que je mettais de côté. Fatigué d'une telle persistance, je pris, sans exception, tous les papiers trouvés dans son appartement, afin qu'ils pussent être lus plus attentivement. Sur les dossiers et sur les cartons où ils étaient classés j'apposai les scellés d'usage, avec étiquettes indicatives.

Dans une caisse spéciale, je réunis ce qui constituait le trafic des décorations. Cette caisse était digne d'appartenir à Robert Macaire et à son fidèle Bertrand : deux types de la filouterie adroite, audacieuse, et qui sont restés légendaires. Elle contenait d'abord les lettres, les réponses et le marchandage des croix, inconnues dans les chancelleries européennes, puis des timbres, secs, humides ; des médaillons en papier découpé prêts à être mis, à l'aide de cire rouge, sur des pièces à en-têtes afin de leur donner le caractère officiel ; ensuite de nombreux brevets de décorations, non signés, imprimés en langues française, italienne et espagnole ; enfin, la vitrine sous laquelle se trouvaient exposés des croix et des rubans. L'outillage était complet.

— Je m'oppose à la saisie de cette vitrine, s'écria Bustelli-Foscolo, car elle contient mes décorations.

— Si sous l'empire l'homme le plus décoré de France était le docteur Ricord, ce qui s'explique par le genre de maladies spéciales qu'il avait guéries dans le monde entier, vous, vous n'avez aucun titre qui justifie la légitimité d'une pareille ferblanterie. Dites plutôt que les décorations placées sous cette vitrine représentent la carte d'échantillons correspondante à votre carnet saisi, et sur lequel est mentionné le tarif des croix.

— J'ai le droit de vendre des insignes.

— Des insignes, oui... Des brevets, non... Surtout lorsqu'ils n'appartiennent à aucun ordre et que vous les délivrez comme authentiques.

Dans les chambres occupées par le prince, il y avait des malles, des caisses fermées, sans aucune indication de nom et de destination. Je les fis ouvrir par un serrurier. Les malles contenaient le linge, les effets et le costume, chamarré de fausses pierreries, du soi-disant prince Scanderberg. Le contenu de la plupart des caisses formait un mélange de tableaux, de livres, brochures, manuscrits, journaux, papiers, lettres et notes. Deux seulement étaient remplies de drapeaux, fusils, sabres, haches, couteaux, pagnes, amulettes, chapelets ; et sur des banderolles on lisait cette devise : « Suivez-moi », ancien cri de guerre du véritable Scanderberg.

— Chaque objet, me dit Bustelli, marque l'endroit du monde où le prince a séjourné.

— Il ne manque alors, répondis-je, que la gamelle et la cuillère de bois indiquant son passage à la prison de Mazas.

Avisant un placard, je l'ouvris. Au milieu des boîtes de conserves, de paquets de chocolat, de tapioca, de vermicelle, de macaroni, les uns ouverts, les autres intacts, je trouvai un lot de plis cachetés, aux armes de l'Etat du Honduras, et du roi d'Epire et d'Albanie, portant les noms de personnages politiques. Deux étaient destinés à M. Thiers.

— Vous n'avez donc pas encore, demandai-je à Bustelli, remis, le prince et vous, vos brevets de décorations au Président de la République, qui devait vous recevoir le jeudi 7 mars dernier ?

— On nous a écrit, de la présidence, que M. Thiers était souffrant ce jour-là, et nous attendons un nouvel avis pour nous présenter.

— N'y comptez plus.

Pendant le cours de cette longue et laborieuse visite domiciliaire, M. Leroy de Keraniou recevait les personnes désireuses de s'entretenir avec le prince et Bustelli-Foscolo. Lorsqu'il se présentait des personnalités connues, il me les adressait. C'est ainsi que j'ai vu et entendu : Gabriel Hugelmann, Troncin Dumersan, B.-N. Revoil, G. de Solo.

Ma mission terminée, Bustelli signa sur le procès-verbal l'engagement de se rendre à toutes les réquisitions de justice et de police.

Au moment de me retirer, l'inspecteur Sage me remit la carte du commandeur Bardotti, en me disant qu'il insistait pour me parler. Je le reçus dans la chambre à coucher du prince. A peine entré, il m'apostropha de la façon suivante :

— Comment osez-vous envahir cette demeure, où résident Scanderberg et Bustelli-Foscolo, un roi et un ministre aimés, respectés de tous les honnêtes gens !

Je considérai ce petit homme, ayant de beaux traits, des cheveux gris frisés, la barbe longue et blanche, les yeux expressifs et les gestes vifs. A la boutonnière de son pardessus s'épanouissait une énorme rosette multicolore. Il m'intéressait... Etait-il dupe ou convaincu ?

— Continuez, lui dis-je.

— Vous ne savez donc pas que ce domicile est inviolable ? Je vous avertis que si vous arrêtez le prince, qui porte toujours un revolver chargé, il vous tuera. Il en parlait encore hier, devant moi à mon compatriote le comte de Bustelli-Foscolo, et c'est un souverain qui sait tenir sa promesse...

— Vous avez fini ?

— Non... Il ajouta : Vous agissez sous les ordres des Herran, des Pelletier, nos ennemis communs ?

— Je n'ai pas le temps de vous suivre sur ce terrain. Ici, on ne m'interroge pas ; c'est moi qui interroge, et je vous somme de me justifier qui vous êtes.

Alors il m'exhiba des papiers sur lesquels je relevai : « Baron Charles Bardotti, consul de Honduras à Paris, commandeur de l'ordre équesre de Santa-Rosa, âgé de cinquante ans, né à Livourne (Italie), le 22 janvier 1822. »

— Cela me suffit, lui dis-je.

Et les agents l'obligèrent à se retirer.

J'interpellai Bustelli au sujet de ce baron, doué d'une nature aussi exubérante.

— C'est un brave homme, affirma-t-il, qui malgré son âge a conservé toutes les illusions de la jeunesse. Il croit encore aux contes de fées, aux promesses, aux serments, à l'honneur de l'espèce humaine ; il sacrifierait volontiers son temps et son argent pour défendre ses amis ; dans sa sincérité, il est capable de se compromettre s'il croit qu'un danger les menace. Il admire le côté chevaleresque du prince et se trouve heureux de combattre les gens intéressés à nous perdre dans l'esprit public. Aussi n'avons-nous pas été ingrats envers lui ; le voilà baron, consul, commandeur, et cela vous explique la vivacité de son intervention. Il n'est pas, comme vous, enclin à la défiance, car il a la conviction formelle que nous sommes appelés, sous peu, à jouer de grands rôles : le prince en Albanie, et moi au Honduras.

— Il ferait peut-être mieux de contenir son zèle par trop compromettant.

Et je fis charger les malles, les caisses, les cartons sur une voiture à bras que les inspecteurs escortèrent jusqu'à son arrivée à la Préfecture de Police, en attendant leur dépôt régulier au greffe du tribunal de police correctionnelle. Il était huit heures du soir et le greffe fermait à cinq heures.

Le lendemain, Bustelli-Foscolo adressa une plainte motivée à M. Dufaure, ministre de la justice. Son domicile, expliquait-il, avait été violé, ses meubles fouillés, ses décorations enlevées et ses papiers saisis. Il réclamait, par urgence, la restitution des dossiers du Honduras qui contenaient, jurait-il, le résultat des missions secrètes dont son gouvernement l'avait chargé.

M. Mathieu de Vienne, juge d'instruction, le fit venir à son cabinet et, en sa présence, brisa mes scellés. Le greffier dressa l'inventaire des objets saisis avenue Napoléon, n° 3. Quinze jours furent employés pour dépouiller la volumineuse correspondance du faux prince et du faux ministre. Mais que de précieuses découvertes ! Que d'études curieuses! Quelle comédie et quels pitres !!!... Du patricien de Venise Bustelli-Foscolo, il ne restait plus qu'un praticien trafiquant du courage, de la religion et du patriotisme. Du roi Scanderberg, qu'un roué politique dont les ficelles étaient mises en lumière. Tous deux s'effondrèrent, semblables à des mannequins auxquels on aurait retiré les oripaux. Autour d'eux, ramassés par eux dans tous les mondes, ce n'était qu'aventuriers dont le nombre formait non pas un panier, mais bien une corbeille de pêches à quinze sous !

Il était intéressant d'analyser tout ce monde de rastaquouères qui, lorsqu'on le touche d'un peu près, sonne si faux. N'est pas coquin qui veut, car il faut être doué d'une grande imagination, et c'est à ce don de nature qu'ils doivent le succès de leurs coupables entreprises. Posséder une mémoire à ses ordres et inspirer confiance, tout est là !...

Les lettres, les documents saisis chez Bustelli et del Prato ont prouvé qu'ils dirigeaient une agence occulte, ayant ses ramifications un peu partout, mais principalement dans les petites républiques du centre américain. Ils avaient commencé par fonder en Europe des feuilles de publicité cosmopolite, rédigées et publiées en plusieurs langues, ce qui leur permettait, avec la collaboration du personnel consulaire, de suivre les événements politiques tout en se tenant au courant du prix des valeurs et des marchandises. Puis ils firent le commerce des vins, du charbonnage, auxquels ils joignirent le trafic des armes, des fausses pierres précieuses et de faux tableaux de maîtres. Ils exploitèrent aussi des projets de colonisation, des ventes de terres domaniales au Honduras. Au moyen de circulaires, de brochures, de bons, ils lancèrent cette dernière entreprise. Des gens naïfs versèrent la somme de 1,200 francs, qui leur accordait le droit d'entrer en possession immédiate de 100 hectares de terre exempte de taxes et d'impôts. L'Etat de Honduras devait garantir aux émigrants la même protection qu'à ses nationaux, en leur assurant la liberté civile, commerciale et religieuse.

Bustelli et del Prato ne cherchaient pas seulement à vendre des terrains en Honduras et en Albanie ; l'extrait suivant nous les montre achetant des terrains à Paris :

« J'offre de vous livrer, écrit-on à Bustelli, un terrain situé place de la Bastille, au prix de 82,000 francs et payable dans un délai de trois ans.

Cette vente sera consignée dans un bail notarié de trois ans, portant promesse de vente, de manière à permettre de bâtir en toute sécurité.

En acompte du prix, nous prenons les 160 hectolitres d'eau-de-vie à 400 francs l'hectolitre : ce qui fait 64,000 francs, et nous prenons l'obligation de les vendre dans le délai d'un an, et de libérer d'autant le terrain vendu.

Le complément du prix du terrain ne sera exigible que dans trois ans, mais cependant pourra être acquitté avant cette époque.

Voici l'opération que nous avons l'intention de faire avec l'eau-de-vie, de compte à demi avec un négociant de Bercy.

Nous achetons un domaine, consistant en château, parc, prairies, terres labourables et bois, d'une contenance totale de 980 hectares, moyennant le prix de 550,000 francs, payable dans un délai de six ans, à des époques déterminées. Nous revendrons ce domaine en détail, et le résultat certain est de laisser un bénéfice de 120 à 150,000 francs qui pourront être représentés par le château et deux des cinq fermes, avec environ 250 à 300 hectares de terres, bois et près ».

La lettre suivante est spéciale à del Prato, devenu agent matrimonial pendant son séjour à Marseille :

Monseigneur,

Puisque vous voulez bien vous charger du mariage de mon fils, le baron de S..., je prends l'engagement formel de reconnaître ce service, et, à titre de rémunération pour les intermédiaires, je m'engage à compter entre vos mains la somme résultant du vingt pour cent, sur l'apport, en contrat, de la jeune Anglaise miss Ada W...

Si cette somme est en argent, je m'engage à vous compter la moitié de ce vingt pour cent dans les huit jours qui suivront la célébration du mariage, et la seconde moitié dans les trois mois suivants.

Si la dot de miss Ada W... est en propriété, je compterai la première moitié dans les trois mois qui suivront la cérémonie du mariage, et la seconde moitié avant l'expiration de l'année.

Le présent engagement d'honneur, qui doit rester absolument dans vos mains, n'est ni cédable, ni négociable, sous peine de nullité.

Les sommes seront comptées dans vos mains, et le présent écrit rendu lors du dernier paiement.

Le présent engagement est valable pour six mois ; mais, ce terme expiré, si le mariage n'est point fait, il sera considéré comme nul et me sera rendu.

En cas où le mariage serait en bonne voie, on ajoutera une prolongation d'un commun accord.

En cas d'insuccès, il ne pourra être réclamé aucuns frais, débours, ou honoraires.

Fait au château de S... le 2 mai 1870.

Marquise de S... née de K...

Tout cela n'est rien encore.

Ces deux associés, après avoir cherché, sans y

parvenir, à créer des banques internationales, afin de mieux exploiter leurs dupes, se rejetèrent alors sur la vente des consulats qu'ils installèrent dans des républiques minuscules, chez des roitelets exotiques n'ayant aucune vitalité et dépourvus de finances.

En 1872, il y avait de vacants, à Liège, parmi les consulats de l'Amérique méridionale et centrale, ceux de Bolivie, Colombie, Guatémala, Honduras, Libéria, Nicaragua, San Salvador et Venezuela, le gouvernement belge ayant refusé de donner l'*exequatur* aux industriels qui en avaient acheté les nominations.

Bustelli et del Prato coopéraient à tous les trafics, avec une ingéniosité de combinaisons prodigieuses et une fertilité de ressources exceptionnelle. On peut les classer parmi les escrocs de génie ; car ils auraient su mettre en exploitation les rayons du soleil et les reflets de la lune. L'art qu'ils déployèrent pour mieux amalgamer leurs affaires industrielles et les intérêts des pays où ils finissaient par s'implanter les rendait d'autant plus redoutables qu'ils recevaient chez eux, sans distinction de partis, des hommes politiques. Ils avaient leurs entrées dans beaucoup de chancelleries, où ils puisaient des renseignements utiles à leur commerce et agréables aux nations ennemies de la France. Aussi, sous des apparences quasi officielles, avaient-ils organisé un nouveau système d'espionnage international.

Il faut reconnaître que ces merveilleux chefs de bandes, rompus aux exercices de tous les genres, hardis, rusés, possédaient un charme fascinateur qui leur attiraient autant d'honnêtes gens que de coquins, et les coquins dupaient les honnêtes gens. A force d'intrigues, ils arrivèrent à recevoir des personnages qui devinrent inconsciemment leurs complices en augmentant leur crédit. Ils avaient fini même par se prendre au sérieux, étant à l'apogée de la félicité humaine. Des poètes leur adressaient des vers ; des femmes leurs envoyaient des fleurs ; des écrivains connus vantaient leurs mérites ; des orateurs proclamaient leurs louanges ; des auditeurs applaudissaient, et le capitaine des gardes Bienelli annonçait chez eux : Orélie Ier, roi d'Araucanie et de Patagonie, S. M. le roi des Mosquitos, le prince arménien Ostanik der Marcariantz, le prince marocain Abdallah el Guennaori, le grand chambellan de la Rosa, le comte Tscherniadieff, le commandeur Bardotti.

Parmi ces rois, ces princes de contrebande, Orélie avait au moins un passé connu, il n'était pas inventeur de pays fantastiques ; et si les erreurs d'une imagination par trop brillante le poussaient à se croire roi d'Araucanie et de Patagonie, il faillit payer de sa vie sa courageuse aberration. Cet ex-avoué du département de la Dordogne, à l'âge de trente-deux ans, apprit la langue espagnole, et quitta la France le 1er juin 1858, possédé du désir insensé de s'emparer de ces deux territoires placés sous le protectorat de la république chilienne. Son but, expliquait il, était philanthropique. « Je veux civiliser les tribus indiennes, récalcitrantes au protectorat du Chili, en y introduisant la religion, l'instruction élémentaire, l'agriculture et les arts. Par la suite, j'offrirai à mon pays d'origine cette riche contrée, sous le titre de Nouvelle France. » Il s'intitule prince et, suivi par ses partisans, dont il fait des ministres, il y déploie, en 1859, son drapeau aux couleurs vert, blanc et bleu, sous lequel viennent se grouper les tribus indiennes soi-disant indépendantes. Avec crânerie, il tient à cheval, en plein air, les assemblées politiques. C'est ainsi que, le 17 novembre 1860, il se fait, le matin, proclamer roi d'Araucanie. A midi, il décrète sa Constitution monarchique. Le soir, il annexe la Patagonie à son nouveau royaume, et le lendemain il notifie ces prises de possession à M. Perez, président de la république du Chili.

On voit que cet ancien officier ministériel de Périgueux, habitué aux exploits, opérait avec rapidité. Le gouvernement chilien fit empoigner ce souverain de passage, comme perturbateur de l'ordre public, et il fut mis en prison. Un conflit s'éleva entre les autorités: les unes voulaient le livrer à la juridiction militaire ; les autres à la justice civile. Il attendit le résultat des délibérations à la forteresse des Angèles, où ses gardiens l'entretenaient de son exécution prochaine en l'invitant à écrire ses dernières volontés. C'est alors que, le 25 janvier 1862, il rédigea son testament politique, instituant sa famille héritière de sa couronne d'Araucanie et de Patagonie.

Considéré comme dément, le 2 septembre suivant la liberté lui fut rendue, avec injonction de se mettre en route vers des contrées en quête d'un représentant monarchique.

Revenu en France et toujours poursuivi par son idée fixe, il retourna en Patagonie, où se trouvent de profondes forêts, habitées uniquement par de petites peuplades indiennes rebelles au protectorat du Chili et que les criminels évadés des bagnes chiliens poussent à l'insurrection, bien vite réprimée par les autorités nationales. Cette seconde tentative échoua ; sa tête fut mise à prix, et Orélie revint encore en France. C'est alors qu'on le trouve l'ami de Bustelli et de del Prato, qu'il avait connus dans ses pérégrinations. Nous complèterons plus loin l'histoire de cet ancien avoué, type de l'ambitieux bourgeois sans raisonnement.

Si Bustelli et del Prato connaissaient le passé, en somme honorable, d'Orélie, ils ignoraient complètement celui de l'individu s'intitulant « roi des Mosquitos », qui assistait aux sacres des chevaliers dont les titres étaient fabriqués par l'agence de l'avenue Napoléon. D'où venait-il ?... On l'ignorait. Et cependant, d'après les pièces saisies, il cherchait à contracter l'emprunt nécessaire à l'exploitation des minéraux de ces montagnes situées non loin du Guatemala. Ce roi de féerie, filigraniste de son état, né rue du Faubourg-Saint-Antoine, ne possédait pour toute fortune que la perspicacité et le flair des Peaux-Rouges, car il disparut, à la suite de ma première visite chez Bustelli, laissant de nombreuses dettes chez ce genre de fournisseurs d'étrangers toujours disposés à ouvrir des crédits à la haute pègre exotique, qui possède plus de *chic* que d'argent. Il s'était sans doute souvenu que, rue de Charonne, je m'étais présenté chez lui, au sujet de sa complicité dans une fabrication de fausses valeurs.

Faisant suite à ces deux faux souverains, on trouve Abdallah el Guennaori, de son véritable nom Gory, né à Dijon, ex-inspecteur de la police parisienne, qui prit le titre et le costume de prince marocain, avec la pensée de contracter un riche mariage. Il avait ses entrées aux réceptions de Bustelli, de del Prato et de la célèbre courtisane anglaise Cora Pearl.

Puis, nous voyons Ostanik der Marcariantz, élevé par la charité publique, qui s'est, lui aussi, octroyé le titre de prince d'Arménie. Son existence, des plus curieuses, m'oblige à lui consacrer un chapitre dans mes *Aventuriers de génie*. Il en est de même pour le comte Tscherniadieff, qui brilla comme un météore chez Bustelli, autour des tapis verts, et dans les villes d'eaux où se réunissent les escros de toutes les nations. Ce n'est qu'à Paris, au mois de juillet 1877, qu'on a pu enfin être éclairé sur sa vie remplie de mensonges.

Mais ce qui surtout, et par-dessus tout, assurait à del Prato et à Bustelli la puissance et la force, c'était la distribution gratuite et la vente de décorations. Parmi les documents placés sous la main de la justice figuraient des listes dont les noms, classés par lettre alphabétique, étaient ainsi annotés :

Badin, chevalier de l'ordre équestre de Santa-Rosa et de la Civilisation du Honduras. — Gratuite.

Dati, officier du même ordre. — 250 francs.

Mire, commandeur. — 500 francs.

Vérité, grand officier. — 100 francs.

De Carbono, chevalier grand-croix. — 1,500 fr.

Le brevet de chevalier de Santa-Rosa se délivrait gratuitement à tous ceux qui en faisaient la demande écrite et qu'on avait intérêt à ménager, ou qui pouvaient être utiles à l'association. C'était, de plus, la monnaie courante offerte aux fournisseurs impayés ; particulièrement aux boulangers, aux épiciers et aux bouchers. Cependant on y constatait : un chemisier, deux coiffeurs, qui durent ajouter 100 francs à l'acquit de leurs factures. Un cordonnier, plus habile, n'a versé que 50 francs.

Les décorés, selon leur rang, avaient la faculté de porter l'uniforme de général de brigade, de colonel, de lieutenant-colonel, de capitaine ou de lieutenant.

Pour l'ordre noble de l'Epire, composé des mêmes classes, des mêmes grades, les prix étaient doublés.

Le diplôme de l'Epire était imprimé sur parchemin, tandis que celui de Santa-Rosa était simplement lithographié sur du papier ordinaire de diverses couleurs. En plus, on octroyait aux décorés de l'ordre noble de l'Epire d'immenses terres albanaises, avec des titres nobiliaires.

L'ordre de Santa-Rosa existait réellement. Créé le 21 février 1868, ses statuts, rédigés par Lieva, ministre des affaires étrangères du Honduras, furent, le 18 septembre suivant, soumis à la signature de José Maria Medina, alors président de la république, qui les approuva.

Voici la teneur des articles 6 et 13 :

Art. 6. — Les diplômes qui seront concédés seront revêtus de la signature du président et du secrétaire du Sénat et de celle du ministre des affaires étrangères.

Art. 13. — Un diplôme sera accordé gratis aux décorés et quand le gouvernement voudra donner au décoré une preuve particulière d'estime pour ses services extraordinaires, il ajoutera la croix correspondante au grade, chose qui sera mentionnée dans le diplôme.

Ceux donnés ou vendus par Bustelli ne portaient d'autre signature que la sienne, et tous n'étaient pas libellés de la même façon, ils n'avaient donc aucun caractère d'authenticité. Quant à l'insigne, l'Etat de Honduras pouvait seul en disposer.

Pour montrer le discrédit dans lequel était tombé la décoration du Honduras, même celle militaire, voici un extrait du journal judiciaire *Le Droit*.

L'ORDRE DE *la Santa-Rosa del militare merito*. — DEMANDE EN PAIEMENT DE CORDONS, ÉCRINS ET ORDRES ÉTRANGERS. — M. LEMAITRE CONTRE LE GÉNÉRAL VIADA MINISTRE DE HONDURAS. — Au mois de février 1867 arrivait à Paris M. le général Viada ; il était, disait-il, porteur de lettres de créance l'accréditant comme ambassadeur de la république du Honduras auprès des gouvernements français, autrichien, ottoman, etc.

Le président Medina, en lui signant ses pouvoirs les accompagnait d'une traite de 26,000 fr. sur le fidéi-commissaires du Honduras à Londres, qui devaient prélever cette somme sur les fonds à provenir de l'emprunt émis par ce gouvernement.

A cette époque, déjà des démêlés judiciaires, dont le *Droit* a rendu compte, eurent lieu entre le général Viada et son tapissier, qui réclamait le prix d'un mobilier somptueux.

Selon le général, ses pouvoirs n'étaient pas exclusivement diplomatiques; son gouvernement l'avait autorisé en outre à délivrer des décorations de l'ordre hondurien : *la Santa-Rosa del militare merito*. Il était même détenteur de brevets en blanc, signés Medina.

Me Rigault de Granrut, son avocat, déclare que M. Thiers, Président de la République française, et M. Jules Fabre, ministre des affaires étrangères, devaient recevoir cet ordre.

Mais à ce moment le gouvernement français trouva les pouvoirs irréguliers et engagea le général Viada à se faire accréditer par de nouvelles lettres de créances. Il partit aussitôt.

Pendant la traversée, le président Medina était renversé, le général Arias le remplaçait à la présidence.

Notre diplomate reprit son épée et, à la tête de partisans, voulut renverser Arias.

Mis en déroute, il s'est réfugié à Bélise ; il s'y prépare à la revanche, ce qui lui permettra de faire payer par le futur gouvernement, fabricant de décorations, M. Lemaître qui lui réclame 5,287 fr.

Me Oscar Falateuf, avocat de ce dernier, fait passer sous les yeux du tribunal un spécimen des superbes plaques de la Santa-Rosa. Il n'accepte pas pour débiteur le gouvernement hondurien de l'avenir ; il n'a qu'un débiteur, le général Viada.

La troisième chambre du tribunal, présidée par M. Raux, a rendu, le 17 juin 1873, un jugement qui décide que Viada n'a pu engager son gouvernement envers des tiers qu'en vertu de pouvoirs réguliers dont il ne justifie pas, et, en conséquence, le condamne à payer à Lemaître la somme de 5,287 fr.

Que fera l'infortuné général de ces décorations ?

On les a retrouvées dans les bureaux du Mont-de-Piété.

La date de la fondation de l'ordre noble de l'Épire n'était pas indiquée sur les diplômes, par cette excellente raison que cet ordre n'a jamais existé.

Les escroqueries, à l'aide de faux, étaient parfaitement établies contre ces deux agents d'affaires de mauvais aloi. Mais comment les poursuivre? Les victimes, honteuses de s'être laissé duper, ne se mettaient pas en évidence. Il eût fallu en présenter quelques-unes au tribunal ; celles qu'on arrivait à découvrir refusaient de se plaindre et déclaraient qu'elles étaient, au contraire, disposées à témoigner en faveur de Bustelli et de del Prato. A leur tour, ceux-ci comptaient sur la discrétion des vaniteux bourgeois enrichis, que les blasons les rubans, les rosettes, avaient séduits, et qui n'auraient pu justifier du plus léger service rendu à des pays inconnus d'eux et pour lesquels ils étaient ennoblis et décorés.

Leur commerce ne se bornait pas à ces insignes fabuleux. Ils l'étendirent à l'aide du personnel de certains consulats étrangers, en organisant une vaste agence où l'on débitait couramment de véritables et de faux brevets des ordres d'Isabelle la Catholique, de Saint-Marin, des Saints Maurice et Lazare, du Faucon Blanc de Saxe-Weimar, du Lion de Perse, du Medjidié de Turquie, de la Rose du Brésil, du Nicham Iftikhar de Tunis, de Charles III d'Espagne, du Christ du Portugal, du Saint-Sépulcre et de Saint-Charles de Monaco.

Ces brevets ainsi que les insignes furent saisis dans la collection de Bustelli. Celui-ci, en dehors d'un sieur Daniel, son courtier ordinaire, spécial aux commerçants avides de décorations, avait pour faciliter sa vente un intermédiaire précieux qui, sous l'empire, se nommait Lévy. Ce Lévy juif polonais, petit, sec, au long nez rouge, au visage couperosé, instruit, intelligent, retors, avait dû quitter Mayence dont le séjour lui était difficile à la suite d'une série d'actes indélicats. Il vint à Paris, où il continua son métier d'homme d'affaires prêt à toutes les vilaines besognes. Son cabinet de consultation, sans être accrédité officiellement par l'ambassade d'Allemagne, n'en recevait pas moins d'elle des instructions officieuses, et j'ai en 1869 saisi à son domicile, au sujet de captations d'héritages, des copies de certificats contradictoires, fort bien payés du reste par les parties adverses. Après le siège et la Commune, il se rendit à Berlin, puis, au mois de septembre 1871, reparut sur les boulevards parisiens sous le nom de Levistenn, et la boutonnière ornée d'une rosette multicolore.

Il faut admettre que les escrocs de profession ressemblent aux filles galantes et aux sodomites, car ils se sentent, se reconnaissent et se comprennent; on dirait qu'ils emploient, comme les francs-maçons, un langage et des signes mystérieux.

Aussi, la *lèpre-espionne* de Levistenn s'aboucha-t-elle bien vite avec Bustelli et del Prato. Ils formèrent un joli trio de gredins, qui engloba tous les mondes. Del Prato *travaillait* le monde politique; Bustelli, les sociétés diplomatique, littéraire, financière, et Levistenn passait son temps dans les établissements de plaisirs, les cercles et les maisons de jeux. Ils se renseignaient mutuellement, et cet office étonnant augmentait quotidiennement sa clientèle.

Levistenn avec son assurance extrême, son entregent, ses relations, sa connaissance parfaite des langues française, anglaise, allemande, italienne et russe, persuadait facilement aux amateurs de décorations, qu'ils étaient par leur passé ou leur présent, dans les conditions requises pour être investis du titre d'officier, même de commandeur, de tel ou tel ordre.

C'est lui qui fournissait les rubans et les croix. Bustelli, méfiant, conservait la garde des brevets plus ou moins authentiques et ne les délivrait qu'après encaissement des sommes convenues.

Ce Levistenn afin de mieux tromper ses dupes vaniteuses, leur montrait la copie photographique d'une lettre d'Alexandre Dumas fils, dont la reproduction me semble utile à cette place :

Cher Monsieur,

Mon père m'a souvent parlé de : *Ames vaillantes*. Il aimait fort cette pièce. J'ignorais ce qu'elle était devenue. Votre ami serait bien aimable d'en faire faire une copie à mon compte, chez Mme Lachèze, 92, boulevard Saint-Michel, c'est ma copiste ; elle me la remettrait ensuite.

Quant au diplôme de commandeur du Christ, je n'en est jamais entendu parler. Je n'ai jamais demandé cette faveur ; mais je la recevrais avec d'autant plus de reconnaissance, que je la devrais à l'initiative d'une sympathie non sollicitée.

Je vous remercie de votre lettre. — J'en reçois peu d'aussi agréables. Les gens qui ne nous écrivent que pour nous rendre service sont rares.

Tout à vous,

A. DUMAS.

Puys. — près Dieppe.

Après la lecture de cette lettre disparaissaient les doutes des personnes irrésolues à verser des fonds ; car cette missive établissait d'une manière irréfutable que le prince Scanderberg et le ministre Bustelli-Foscolo étaient en mesure d'offrir des distinctions honorifiques excessivement sérieuses. Du reste, on ne payait qu'après réussite, et le nom des Dumas leur servait de marque de fabrique.

Dumas père avait, dans l'un de ses voyages, confié au soi-disant Scanderberg sa pièce *Ames vaillantes*. Celui-ci profita de la mort de l'auteur pour remettre le manuscrit à Bustelli, qui sut fort adroitement en tirer parti, mêlant à ses tripotages le nom des célèbres écrivains.

Bustelli ne connaissait pas Dumas fils. C'est un employé du ministre de l'intérieur qui fut leur intermédiaire. De là cette lettre que nous avons reproduite, et qui fut photographiée à un assez grand nombre d'exemplaires. Elle amena nécessairement une perquisition chez ce fonctionnaire, ce qui me fit découvrir des histoires de mœurs incroyables. Au moment où je lui demandais des explications à propos d'une correspondance spirituellement écrite par Mme Rattazzi, il sonna sa servante. Celle-ci apparut. Alors il lui tendit un carnet en disant :

— Lisette, vous avez oublié votre livre de comptes. Emportez-le.

— Ce carnet, observai-je, me semble d'une propreté remarquable, pour être journellement transporté de votre table de travail à celle de la cuisine.

— Il est neuf répondit-il.

Puis il ajouta :

— Oh ! cette police... Cette police ! Elle est encore plus curieuse que sous l'empire.

— C'est la même, et vous en savez quelque chose.

— Vous tenez donc bien à savoir la nature de mes dépenses ?

— Mieux encore.., celles de vos recettes. Et si j'insiste, c'est que vous paraissez attacher de l'importance à ce carnet.

— A cause des notes que j'y consigne.

— Qui ne doivent pas manquer de goût, puisqu'il s'agit de cuisine.

Je m'emparai du carnet.

— Lisette, retirez-vous, proféra son maître.

Puis il me supplia de ne pas saisir ce carnet, compromettant pour lui et pour les personnes dont les noms y figuraient.

Les notes, en effet, accolées à ces noms étaient des plus significatives et des numéros correspondaient à des dossiers classés, qui se trouvaient au fond d'un placard servant à la penderie des vêtements. Ces dossiers étaient ingénieusement dissimulés par des panneaux mobiles, garnis de tringles et de roulettes. Les relations de cet homme avec la bande Bustelli étaient positives ; et leur merveilleuse organisation pouvait illusionner les gens de bonne foi désireux de fleurir leur boutonnière d'un ruban rouge, vert, jaune, blanc ou bleu, et d'ajouter à leurs noms plus ou moins vulgaires des titres sonores.

— Songez, reprit ce fonctionnaire, aux conséquences de cette saisie.

— J'y pense sérieusement, répondis-je, et je crois à l'utilité du dépôt provisoire de votre carnet et des dossiers annexes, non pas à votre cuisine, mais bien au cabinet du préfet de police. Ce magistrat et votre chef, le ministre de l'intérieur, décideront de leur sort.

— Et du mien ?

— Peu digne de pitié ; car, en dehors du trafic des croix étrangères, il m'est très pénible de constater que vous et votre bande vous touchez aux médailles d'honneur décernées pour l'accomplissement d'actes de courage. Les misérables qui vendent de semblables distinctions sont aussi coupables que les lâches qui les achètent afin de laisser croire à leurs compatriotes qu'ils sont les auteurs de belles actions.

— A votre langage, je prévois mon arrestation !

— Je ne suis, malheureusement, porteur que d'un mandat de perquisition.

— Demain matin je m'expliquerai avec M. Léon Renault.

— Dès ce soir il sera mis au courant de vos manœuvres déloyales.

— Sans cette malencontreuse lettre de Dumas fils, je n'aurais pas reçu votre visite.

— Ce n'est pas la première fois que vous commettez de pareilles sottises : vous auriez pu anéantir cette lettre du 17 janvier 1869, qui fait partie du dossier de la contesse de Castiglione, et dans laquelle elle vous cingle d'importance au sujet d'une décoration de Saints Maurice et Lazare.

— Il y en a beaucoup d'autres de ce genre dans les dossiers de personnalités étrangères, elles m'importent peu: seule, celle que j'ai adressée à Dumas, pour lui offrir la croix de commandeur du Christ, me cause de l'inquiétude.

— Pour moi, dis-je en le quittant, cette lettre m'a permis de découvrir chez vous encore un nouveau panier de pêches à 15 sous!

Le préfet de police communiqua le carnet et les dossiers au ministre de l'intérieur, qui, à son tour, en référa à ses collègues de la justice et des affaires étrangères, ainsi qu'au grand chancelier de l'ordre de la Légion d'honneur. Avec un accord parfait, l'autorité supérieure résolut de briser les fils de cette association; et je fus chargé, pendant près de deux années, d'opérer des perquisitions, d'ouvrir des enquêtes et d'entendre les témoignages de MM. B.-N. Revoil, Charles Virmaître, Troncin-Dumersan, J.-E. Dupressoir, E. Allemand, G. de Sola, Bénazet, Orélie Ier, E. Mahon de Monagham et de la fille Dorviktz.

Mais quelle patience et quel travail de bénédictin!... Dans la manière de perquisitionner, dans celle, plus délicate, d'interpréter les actes, les écrits, résultent les succès des instructions judiciaires, la besogne du magistrat enquêteur devint presque de l'art. Il fallait éviter le scandale; établir la participation de chacun dans les achats et dans les ventes, aux consulats, vice-consulats, des titres et décorations de tous les genres.

Tels étaient les ordres formels de mes chefs.

On va juger, par ce qui suit, un monde bien mélangé, souvent étrange, quelquefois pittoresque, et qui se tient sans avoir aucune espèce d'attache sérieuse. Si le secret professionnel m'empêche de tout dire, je peux, sur preuve, discuter les hommes mêlés aux affaires devenues publiques.

Deux princesses d'origine étrangère, connues à Paris, ont fait orner les boutonnières de toute une famille d'usuriers des ordres des Saints

Maurice et Lazare et de Charles III d'Espagne. Elles acquittèrent ainsi de fortes dettes.

Un magistrat a reçu l'ordre d'Isabelle la Catholique à l'occasion de services exceptionnels rendus à une comtesse espagnole qui avait le plus grand intérêt à retarder la solution d'un procès civil.

Une comtesse allemande en résidence à Paris, et par son mariage fort bien apparentée à la cour de Berlin, sut mettre à profit ses belles relations pour augmenter ses revenus avec le commerce des décorations. Plus de 200 brevets ont été placés par l'intermédiaire de cette femme dont le mari restait toujours invisible.

Deux notaires se sont mis à l'unisson pour établir par des actes publics les titres de baron et de baronne à un couple de chevaliers d'industrie vivant en concubinage. Ces deux officiers ministériels ont obtenu des croix du Medjidié.

Un photographe en renom a payé 10,000 francs le brevet et la croix de l'ordre du Christ du Portugal. Son confrère et voisin, jaloux d'une décoration dont la couleur du ruban imitait celui de la Légion d'honneur, voulut avoir la même distinction, mais à des conditions meilleures. Ce fut Levistenn qui négocia l'affaire moyennant 5,000 francs. Ce dernier brevet était faux.

Un bandagiste paya 2,000 francs au courtier

Daniel l'ordre du Faucon-Blanc de Saxe-Weimar. Le diplôme n'avait aucune valeur ; mais le ruban était rouge.

Un marchand de parapluies acheta 300 francs la médaille d'honneur en argent de deuxième classe. Ce sauveteur n'était qu'un sauteur, à la bravoure toute platonique.

L'ordre de la Rose du Brésil fut vendu 1,000 fr. à un marchand de fleurs naturelles et artificielles.

Ce que les commerçants, les bourgeois vaniteux, recherchaient par-dessus tout, c'était la décoration suspendue au ruban ponceau. Fausse ou vraie, Levistenn et Daniel la vendaient toujours fort cher. Il en était de même pour les croix de commandeur. Celle servant d'appât aux autres, la plus abordable comme prix, était le Nicham Iftikarr, variant de 1,000 à 3,000 francs. Elle ne manquait pas d'amateurs. J'en ai retiré une du cou d'un nommé Victor Caron, qui n'avait pas su devenir honnête, bien qu'il fût retiré des affaires. Ancien boulanger, atteint de la paralysie des jambes, on le promenait à l'aide d'une petite voiture. A mon arrivée chez lui, je le vis étendu sur sa chaise longue, et paré de sa décoration. Je le mis au courant du motif de ma visite, et je dus, afin de mieux examiner les insignes qu'il portait, lui enlever sa croix et son ruban de commandeur. Puis, je lui posai cette question :

— Comment, pourquoi et par qui avez-vous été décoré ?

Si les jambes étaient paralysées, la langue, au contraire, manœuvrait avec facilité. Il me répondit vivement :

— Levistenn a été mon client, et c'est lui qui m'a livré, pour 2,500 francs, le brevet et les insignes du Nicham-Iftikare. J'ai voulu, avant de mourir, réaliser un rêve de ma jeunesse.

Il donna l'ordre à sa domestique d'apporter l'écrin et le brevet.

L'écrin ne mentionnait aucun nom de fabricant ; le brevet était faux ; la croix et le cordon appartenaient aux types créés.

— Je vois, lui dis-je, que vous avez la traduction de votre brevet qui contient notamment ceci :

« Avons donné à l'honorable Victor Caron, rentier français, comme un témoignage de notre satisfaction et de récompense pour ses services, cette décoration, ornée de notre nom gravé ; qu'il la porte en paix et tranquillité, sous la garde de Dieu ! »

— Vous connaissez Tunis ?

— Non.

— Et, quels sont les services rendus ?

— Aucun. Levistenn m'a dit qu'il écoulait ces croix-là, comme moi je vendais autrefois mes petits pains.

— Acheter une croix ne donne pas l'autorisation de la porter publiquement, et vous n'auriez pu obtenir cette faveur, votre casier judiciaire portant deux condamnations pour usage de faux poids.

— Dans ma voiture, je suis chez moi; j'ai donc le droit de porter ma croix en sautoir.

Je remis au cou de l'ex-boulanger impotent sa cravate de commandeur, en lui disant :

— Je vais saisir votre faux brevet; et si vous désirez vivre en paix et tranquillité, ne vous montrez pas ainsi enrubanné sur la voie publique. La police du quartier va être prévenue, et jamais malfaiteur ne sera mieux surveillé.

Le faux commandeur, mandé au cabinet de M. Mathieu de Vienne, ne se présenta point. Il fit parvenir à ce magistrat un certificat médical constatant l'impossibilité de son transport. Et lorsqu'il apprit qu'on allait de nouveau l'interroger sous la foi du serment, il en éprouva une telle secousse morale qu'elle mit fin à son existence.

De tous les ordres, celui du Saint-Sépulcre, en raison de son ruban noir, était le moins recherché; car il fallait pour le rendre visible ne porter que des effets de couleurs claires. Cependant, M. Van Soolen, propriétaire, 2, rue de Saint-Pétersbourg, fut bel et bien escroqué par Bustelli, au sujet de cette décoration.

Voici sa déclaration :

« M. Bustelli m'a été présenté par des amis, en 1865. Il m'a proposé un ordre papal ; je l'ai refusé. C'est alors qu'il m'a parlé d'une souscription pour la restauration du tombeau de N.-S. Jésus-Christ, me promettant, si je donnais mon adhésion, de m'accorder l'ordre du Saint-Sépulcre. J'ai consenti, et, moyennant 6,000 francs que j'ai ainsi payés : 2,000 francs en or et quatre billets à ordre, de chacun 1,000 francs, mon diplôme m'a été remis ; mais seulement après l'échéance du troisième billet, j'ignore ce qu'est devenu cet argent, Bustelli n'ayant jamais voulu me montrer de pièces établissant l'emploi de mes fonds.

Je me suis assuré de l'authenticité du brevet qu'il m'a vendu. »

Interpellé au sujet de la déposition de M. Van Soolen, Bustelli s'est contenté de répondre que les 6,000 francs avaient à peine couvert les frais de chancellerie.

La décoration du Lion de Perse fut l'objet d'une correspondance instructive. Bustelli écrit d'abord à l'attaché du ministre de l'intérieur : « Vous pouvez tenter l'échange diplomatique de décorations, entre le Portugal et la Perse. Nous donnerons la même quantité de diplôme du Honduras et de l'ordre noble d'Epire, ayant les mêmes grades. L'échange se ferait par mes soins, à l'office des légations respectives, avenue Napoléon nº 3 ».

Puis ensuite :

« Mon correspondant de Lisbonne est très vexé de la mort de M. Petit de la Tuile ; il va mettre le brevet du trépassé entre les mains du vivant que vous recommandez, et réclame pour cette opération-là 500 francs de plus. »

Le corps des agents consulaires de 1870 à 1875 a commis d'énormes maladresses, au préjudice des pays qui les accréditaient. Il s'est sensiblement amélioré depuis le balayage des Bustelli-Foscolo, des Scanderberg et d'un nommé G. de Sola, leur ami et complice.

Ce G. de Sola, envoyé extraordinaire, ministre plénipotentiaire de diverses républiques de l'Amérique centrale, a pu, ainsi que sa maîtresse, la fille Dorviktz, née à Fridrechladt (Prusse), trouver preneurs pour plus de 200 consulats et vice-consulats.

Voici des spécimens de la correspondance saisie à leur domicile respectif.

Cette première lettre qui suit est datée de Naples, le 14 février 1872 :

Monsieur le Ministre,

S. Exc. le comte de Bustelli-Foscolo m'a écrit qu'il a eu le plaisir de vous parler, touchant un sujet qui m'importe assez. M. le comte vous aura dit aussi que, par ma position sociale et par des motifs circonstanciels, je suis toujours en rapport avec des personnes très distinguées qui m'ont, bien des fois, pressé de leur procurer des titres honorifiques, et que, habitué comme je suis à traiter avec des personnages gouvernementaux, je conserve avec scrupule tout secret ou confidence dont je suis dépositaire. J'ai voulu vous le répéter pour que V. Exc. sache par ma propre bouche la promesse que je vous fais d'observer aussi avec vous une conduite conforme à ma manière de voir et au sérieux de mon caractère. M. le comte de Bustelli-Foscolo m'a informé que V. Exc. a le moyen, vu votre haute position diplomatique, de me faire avoir le consulat général du Honduras à Naples, contre le paiement de 4,000 francs; le titre de commandeur de l'ordre de Santa-Rosa contre celui de 1,000 francs, et le grade de chevalier de l'ordre de Perse moyennant la taxe de 1,500 francs. Je trouve très raisonnable la dépense des décorations, mais exagérée celle du consulat. Pour ma part, je vous avouerai qu'il m'est impossible de dépenser 4,000 fr. Et, cependant, ce consulat général me serait nécessaire pour pouvoir plus facilement former un centre de relations avec vous et combiner beaucoup de bonnes affaires. J'ai un grand esprit d'entreprise, et je crois qu'en me mettant entièrement à la disposition de V. Exc. pour vous servir, vous consentirez à m'honorer de quelques distinctions, parmi toutes celles dont vous disposez. En attendant, voici deux propositions que je vous fais.

Je voudrais savoir, de votre bonté, si vous pouvez faire nommer à Bruxelles :

1° Un consul général de la république de Haïti et de Nicaragua, et quelle est la *dépense nette exigée* ;

2° Un consul général de la république de Honduras et de San Salvador, et quelle est la *dépense nette requise*.

Je vous prie, vivement, d'avoir la bonté de me répondre tout de suite, en ayant soin de m'indiquer la dépense la plus réduite, afin que je puisse plus facilement entreprendre d'autres affaires. Ayez aussi la bonté de m'écrire, sur un bout de papier, toutes les distinctions : équestres, titres de noblesse, consulats, médailles, etc., que, grâce à votre position, vous êtes en état de procurer, en marquant, à côté de chacune, le montant de la dépense minimum. Dans une prochaine lettre, j'aurai l'honneur de vous soumettre deux propositions pour un ordre équestre.

En attendant, daignez m'envoyer votre nom précis et titres, car j'ai l'intention de vous proposer, comme associé, Mécène de l'Institut historico-archéologique Borghesi de Saint-Marin, dont je m'empresserai de vous envoyer l'élégant diplôme, avec la médaille d'or y relative. Si, ensuite, votre générosité était assez grande pour me conférer quelques distinctions honorifiques parmi celles dont vous disposez, je m'engage solennellement à vous faire revêtir d'un grade élevé dans les ordres équestres et très nobles de la maison princière de Gonzague, et à vous faire avoir en très noble bourgeoisie de quelque illustre ville italienne!

J'attends avec impatience de V. E. une réponse prompte et catégorique, en l'assurant de mon profond respect. J'ai l'honneur de me dire votre

Signé : Noble professeur CARTOLACEPI,

Grand Officier, Commandeur et Chevalier de plusieurs ordres.

Ce noble professeur tenait simplement à Naples un office commercial.

Cette seconde lettre est datée d'Algérie, 12 mars 1872.

Monsieur le Ministre,

J'ai reçu ce matin votre lettre amicale, en date d'hier, et je m'empresse de vous répondre au sujet de son contenu.

Relativement aux 1,500 francs faisant l'objet de M. E. Kadopheinn, on me fit traiter avec vous, par l'entremise d'un personnage espagnol, l'affaire des consulats et décorations. Il fut convenu que je paierais 10,000 francs, sur lesquels 1,500 francs seraient la garantie que vous me demandiez pour accepter le fils Kadopheinn dans nos bureaux, comme secrétaire.

M. Kadopheinn n'ayant pas l'argent disponible consentit à l'affaire, mais en me priant de payer cette somme, se portant caution du paiement des primes d'une assurance souscrite par M. Kadopheinn à mon profit.

M. Kadopheinn père paya deux primes, puis sans me prévenir, cessa de me payer. L'acte d'assurance fut annulé d'office par la Compagnie.

Cette manière de procéder me mit au comble de la fureur, et je le prévins que je le rendrais responsable de cette somme.

Aujourd'hui, on me conteste tout ; on veut me voler mon argent ! C'est la récompense de mon dévouement pour ces ignobles gens !

Je ne crois pas que vous ayez à répondre à E. Kadopheinn. Si vous y consentez, vous pouvez m'écrire un mot par lequel cette condition a été posée ; que l'affaire a suivi son cours, et que si son fils est sorti de chez vous, c'est qu'il n'y est jamais venu, ou si peu, m'avez-vous dit, qu'il a bientôt perdu le chemin de vos bureaux.

Je pense que vous me croyez un homme d'honneur pour retourner votre lettre, après l'avoir lue à M. Kadopheinn père.

Tout ceci est discussion et liquidation amiable.

Votre dévoué,

Signé : ISAAC.

Cet Isaac, propriétaire d'un bazar dans la ville d'Alger, servait de capitaliste aux personnes solvables momentanément dépourvues de fonds. Il connaissait B.-N. Revoil, l'auteur de *la Vie des bois et du désert*, qui l'avait mis en relation avec Bustelli, del Prato, G. de Sola et la fille Dorviktz. Tous les six organisèrent un véritable bureau de placement d'où ils expédiaient en

Europe, en Afrique et en Amérique des jeunes gens de bonne famille désireux de faire partie du personnel consulaire et plus avide d'honneur que d'argent. Mais on faisait briller à leurs yeux la réalisation d'un riche mariage. Le prix de la place et de la décoration, l'un n'allant pas sans l'autre, était coté au minimum 5,000 francs.

Par peur du scandale, le juif Isaac refusa de porter plainte contre son coreligionnaire Kadopheinn. Il se vengea néanmoins en dénonçant, sous l'anonymat, B.-N. Revoil au préfet d'Alger, comme un nomade porteur de décorations non autorisées par la grande chancellerie.

Le 24 avril, jour de la saisie des papiers chez Bustelli, j'avais vu pour la première fois B.-N. Revoil ; il était en compagnie de Troncin-Dumersan, de Gabriel Hugelmann, de G. de Sola, et, avec un accord parfait, ces messieurs me déclarèrent que les journaux auxquels ils collaboraient seraient informés de l'illégalité que je comettais en violant le domicile d'un ministre accrédité à Paris. Ils eurent pourtant le bon esprit de conserver un silence prudent, et c'est moi qui fus, plus tard, obligé d'aller leur demander comment ils étaient entrés en relation avec Bustelli et del Prato. Leurs réponses furent unanimes. Des amis communs les avaient rapprochés, et, sans se mieux connaître, ils s'étaient liés par sympathie.

« Notre état social actuel, ajoutèrent-ils, autorise le mélange des classes ; c'est de la vraie démocratie. »

B.-N. Revoil, journaliste, romancier, auteur dramatique, avait énormément voyagé, beaucoup appris et rien oublié. Il publia notamment des récits de chasse et de pêche en Amérique, en Norvège et en Afrique, où il avait séjourné. A Paris, il devint le collaborateur d'Alexandre Dumas père, pour le lancement d'une publication intitulée *le Rêve du Chasseur*. On ne put l'inquiéter pour son port illégal de décorations reconnues en France, parce qu'il s'était fait naturaliser sujet américain le 12 décembre 1849, et que, dans ses voyages, il prenait cette qualité.

L'instruction judiciaire a retrouvé B.-N. Revoil en correspondance avec les publicistes A. Olivier, C. Virmaître, E. Allemand ; il s'agissait alors d'obtenir diverses décorations en faveur de MM. Bénazet et Dupressoir, anciens directeurs des jeux de Baden-Baden. Tous les quatre s'employèrent avec tant de zèle que Dupressoir a été, dans le même mois, titulaire de trois brevets de Charles III d'Espagne, dont un seul était authentique. C'est justement celui-là qu'il reçut sous les formes légales, et sans frais. Les deux autres, achetés 3,000 francs chacun, étaient faux, et je les ai saisis.

La bonne foi de Revoil, de Virmaître et de E. Allemand ne fut pas mise en doute, leurs intermédiaires les avaient trompés.

M. Dupressoir a été l'instigateur de la campagne en faveur du rétablissement des jeux publics en France, ce qui lui a coûté près d'un million. Le but en était louable, puisqu'il s'agissait, avec les ressources qu'on en aurait pu tirer, d'acquitter notre dette de guerre.

L'opinion pour ou contre de la presse française et étrangère, ainsi que celle de certains hommes politiques, forme des séries d'articles réunis dans un volume in-4° de 380 pages, qui furent imprimées en 1872 par les soins de la maison H. Plon.

Ces documents, curieux, intéressants et utiles à consulter, sont devenus aujourd'hui très rares, et la plupart des écrivains qui ont participé à cette œuvre de moralisation, ou de démoralisation, sont décédés, ainsi que M. Dupressoir, qu'on appelait le dernier « roi de Bade ». On y voit, notamment, confondus, les noms de MM. de Salvestre, de la Rochefoucault, Calmon, Barthélemy Saint-Hilaire, Blanc frères, E. Feydeau, E. About, de Bismarck, Covielle, Thiers, X. Eyma, Frédérick Lemaître, Lamartine, E. Drumont, X. de Villarceaux, comte de Grammont, F. Sarcey, A. Karr, Roqueplan, de Cormenin, H. de Pène, de la Rochefoucaul-Liancourt, A. Bouvier, A. Mottet,

C. Virmaître, de Moltke, C. Monselet, P. Constant, Méry, F. de Lorme, de Goulard, de Rigault, A. Houssaye, Saint-Genest, d'Audiffret-Pasquier, A. Scholl, J.-B. Say, F. Passy, L. Faucher, H. de Callias, Robert Houdin, A. de Caston; enfin George Sand et Mme E de Girardin.

Je crois superflu de faire remarquer que les écrivains de talent, tels que E. Drumont, A. Houssaye, E. About, F. Sarcey, A. Karr, H. de Pène, H. Scholl, de Callias, Saint-Genest et tant d'autres n'ont rien touché de ce million sorti de la maison de jeux de Baden-Baden. J'ai vu la liste des *chéquards*, et je puis le certifier. Ils ont envisagé la question au point de vue social, moral et financier; il n'y a qu'à lire l'article intitulé « Monaco », signé Saint-Genest, pour s'en convaincre. Jamais réquisitoire plus violent n'a été écrit contre l'établissement de jeux installé dans cette principauté.

Dupressoir était l'ami de G. Hugelmann et de Troncin-Dumarsan, deux physionomies encore vivantes dans les souvenirs de mes contemporains. Ils occupèrent des postes quasi officiels et furent mêlés aux emprunts du Honduras, ce qui autorise les écrivains à parler d'eux, car ils appartiennent à l'histoire de nos mœurs politiques et financières.

Commençons par Hugelmann, dit « comte de

Vergny, dit l'ange Gabriel », né à Romainville en 1828, et que l'on peut qualifier d'inconscient. Il restera typique, par suite de son contact pas sager avec M. Thiers, Président de la République, et du fâcheux retentissement de sa personne dans les publications judiciaires. Tour à tour témoin, complice, accusé, il a comparu devant les juridictions civile, militaire et correctionnelle. Si l'on pouvait fouiller les dossiers le concernant, classés dans les archives de la Préfecture, on y trouverait une jolie collection d'anecdotes propres à éclaircir les mystères de la politique et des mœurs de la finance. Heureusement que le contenu des cartons de la police secrète ne sont point ouverts même pour les juges d'instruction.

A défaut de ces dossiers, le journal *le Droit*, numéros des 25-26 mars et 10 mai 1874, nous le montre sous des aspects peu recommandables. Avec son intelligence affinée, Hugelmann, sans aucune espèce de scrupule, s'est occupé de tout. On l'a connu professeur, poète, officier, auteur dramatique, publiciste, journaliste, policier et agent d'affaires. Simple élève de l'école mutuelle, il compléta ses études par le professorat. Poète, il adressa des odes au roi Louis-Philippe, aux proscrits, à M. de Rothschild. A vingt et un ans, il profita des événements qui ont précédé et suivi la révolution de 1848 pour se faire élire officier de la garde mobile. Auteur dramatique, il composa des drames, des féeries. Publiciste, il rédigea des articles et des études d'économie sociale. Journaliste, il fonda des feuilles politiques et financières. Policier, il se chargea de besognes restées obscures ; mais, en politique, tout le monde fait de la police. Enfin, il n'a cessé de calomnier les fonctionnaires qui lui ont fourni des moyens d'existence plus ou moins honorables. En réalité, ses tripotages dans les affaires industrielles et commerciales ont le mieux contribué à satisfaire les goûts de dépenses de sa vie mouvementée, et même tourmenté. Il n'y a pas eu moins de dix-neuf demandes de faillite formées contre lui par des négociants et des banquiers parisiens.

Hugelmann prenait la qualité de secrétaire du Président de la République, dans le but de recevoir d'opulentes commissions pour de louches opérations de Bourse. Mais M. Barthélemy Saint-Hilaire, député, membre de l'Institut, lui a dénié ce titre par une lettre remise à M. Merlin, juge d'instruction, et lue en audience publique à la Cour d'appel de Paris. C'est M. de la Faulotte qui présidait, le jour de la condamnation de G. Hugelmann à cinq années de prison pour escroqueries et chantage.

Le journal *le Figaro*, du 10 mai 1874, a reproduit cette pièce, qui place Hugelmann sous son véritable jour. Si cet homme habile, instruit, bien renseigné, n'a pas été officiellement le secrétaire de M. Thiers, il n'en a pas moins rédigé de nombreux rapports qui permettaient au Président de la République de résoudre les questions douteuses. Doué d'une activité intellectuelle étonnante, je l'ai vu, à Versailles, travailler toute une nuit à la solution d'un problème financier que lui avait soumis M. Thiers. En homme pratique, après l'avoir résolu avec une clarté merveilleuse, il l'embrouilla de la même façon, et le tout sans développements inutiles. Le Président de la République n'avait, selon le courant de la Chambre des députés, qu'à choisir entre les deux solutions.

Déjà M. Dufaure, ministre de la justice, avait envoyé aux magistrats du parquet de la Seine ce laconique et significatif avis :

« J'invite M. le procureur de la République et MM. les substituts à refuser l'accès de leur cabinet à M. Hugelmann, jusqu'au jour où il y comparaîtra comme prévenu. »

La justice s'occupait alors de l'affaire dite « de la rue de Suresnes ». Il s'agissait de plusieurs proxénètes qui réunissaient dans une maison de rendez-vous une collection d'aberrés passionnels des deux sexes. Hugelmann aurait été le secrétaire de cette association ; mais, s'il a rejeté cette qualification, il n'en a pas moins rédigé les circulaires de ce refuge à la prostitution clandestine. Il a fait plus encore : voulant se venger de Marguerite Debreux, pensionnaire au théâtre des Bouffes-Parisiens, il poussa la perfidie jusqu'à dénoncer publiquement la présence de cette actrice, avec plusieurs autres de ses camarades, au moment des perquisitions opérées rue de Suresnes. Pour donner plus de crédit à ses allégations, il affirma par écrit qu'il tenait ces renseignements de fonctionnaires qui en avaient les preuves entre les mains. Il avait bien été rendre visite aux magistrats chargés de l'enquête administrative et judiciaire sur cette maison de rendez-vous galants, mais dans le but de leur recommander les fausses veuves qui la dirigeaient, et non les filles inscrites, la plupart indûment, sur les fameux « carnets de la rue de Suresnes ». Il n'a jamais été question de Marguerite Debreux dans cette maison, unique en son genre par le nombre et la qualité d'hommes et de femmes qui s'y rencontraient en visite... de noce

Hugelmann, comme G. de Sola, Mahon de Monagham, Revoil, écrivait des articles et des brochures favorables à la cause de Scanderberg, de Bustelli-Foscolo et d'Orélie Ier. Avant de partir pour la maison centrale de Poissy, Hugelmann envoya de la prison de Mazas, 6e division, cellule 124, au maréchal de Mac-Mahon, alors Président de la République, une importante pièce de vers, intitulée *La Toison d'or*, où il se pose en victime d'une erreur judiciaire. Sa condamnation à cinq années de prison, confirmée en appel, n'était, d'après lui, qu'une suite d'inextricables machinations.

Circonstances coïncidentes : le jour de sa dernière condamnation fut la Saint-Gabriel, et c'était les proxénètes de la rue de Suresnes qui l'avaient surnommé l'ange Gabriel.

M. Thiers s'entourait volontiers de gens d'une moralité douteuse, mais dont l'intelligence pouvait lui être utile. A côté d'Hugelmann, j'y ai vu Troncin-Dumersan, de sa profession docteur en médecine, et qui, en réalité, s'occupait de toutes sortes d'opérations de Bourse. Son mariage, en 1858, avec la veuve de M. Mouriez, née Dumersan, le mit en possession d'une assez grosse fortune qu'il dissipa dans une vie de luxe et de désordres. Comme Hugelmann, il avait des relations étendues dans le monde officiel, le monde financier, le monde de la presse et le monde des théâtres. Seul, le monde médical le tenait en suspicion. Etait-ce à cause des bruits malveillants qui avaient couru à l'époque du décès de son client, M. Mouriez, le légendaire directeur des Folies-Dramatiques (1832-1857) ? Toujours est-il qu'il quitta la médecine. En 1867-1868, il prit avec M. Varcollier la direction du théâtre des Bouffes-Parisiens, où, le 26 janvier 1867, débuta la courtisane anglaise et ancienne danseuse Emma Cruch, dite « le Plat du jour », plus connue dans le monde galant sous le nom de Cora Pearl. Elle se mit aussi nue que possible pour remplir le rôle de Cupidon d'*Orphée aux Enfers*. Les connaisseurs assez nombreux qui assistèrent à cette représentation applaudirent ses formes plastiques mais elle chanta si désagréablement :

Je suis Cuioupidone, mon amant
A fait l'école bouissonnière..

que spectateurs, chanteurs et directeurs abandonnèrent le théâtre.

Sans aucune espèce d'opinion politique, Troncin-Dumersan a exercé des fonctions administratives, la plupart assez mal définies. Sous l'empire, après le 4 septembre 1870, avec Gambetta, Thiers et Mac-Mahon, que de fonds secrets passèrent par ses mains !

Cependant, on a souvent constaté que le sens moral lui manquait. Ne devait-il qu'à ses trahisons son immobilité et son point d'appui auprès des divers chefs de l'Etat, d'origine, de tempérament et d'esprit si différents ? M. Thiers le décora de la Légion d'honneur ; il était déjà commandeur d'un ordre espagnol et chevalier d'un ordre portugais.

Cet agent du pouvoir exécutif a constamment abusé de la signature de sa femme, ainsi que de celle de ses amis ; et s'il n'a pas été poursuivi, c'est à cause du crédit que lui ouvrait M. Thiers. De 1864 à 1874, il a reconnu avoir commis plus de 200,000 francs de faux en écriture. Le dernier, d'une valeur de 25,000 francs, fut un reçu souscrit à son profit et faussement signé du nom de M. Lefébure, sous-secrétaire d'Etat au ministère des finances.

Né à Paris en 1824, c'est à l'âge de cinquante ans qu'il est venu s'asseoir sur les bancs de la Cour d'assises de la Seine. Malgré le talent remarquable de son défenseur, Me Oscar Falateuf, le 7 août 1874 on le condamna, comme Hugelmann, à cinq ans de prison.

La durée de sa peine a été de beaucoup abrégée et son incarcération lui fut particulièrement douce.

On dit, par habitude, « Heureux comme un roi ! » Il serait plus juste, à la fin de ce siècle, où tout se transforme, de changer cette formule par celle-ci : « Malheureux comme un souverain ! » Car on ne voit, dans les cinq parties du monde, que des rois détrônés, prisonniers, ou entourés de complots ou d'assassins.

Sous le nom d'Orélie Ier, l'ancien avoué de Tounens avait du goût pour la couronne, car il se fit acclamer roi d'Araucanie par les tribus indiennes de l'extrême sud de l'Amérique.

J'ai rapidement détaillé les débuts de sa vie aventureuse, qui ne manquait pas d'une certaine grandeur. En voici la fin, moins chevaleresque, plus prosaïque, mais restée prétentieuse. Le contact pernicieux de Bustelli et de del Prato le perdit, même aux yeux de ses plus ardents défenseurs, car ils accaparèrent Orélie, très besogneux, à l'esprit rêveur, à l'imagination vive, naïf au fond et vivant en plein roman. Ils lui conseillèrent, pour reconquérir sa fugitive royauté, de fonder des journaux, de contracter des emprunts, de créer des ordres de chevalerie et des ordres nobiliaires, indispensables aux monarchies sérieuses. Tout cela frisait l'escroquerie.

Orélie fit paraître, au mois de décembre 1871, à Marseille, rue Vacon, n° 55, le journal *les Pendus*, titre justifié par des récits de voyage émouvants. Six semaines après son apparition, cette feuille disparut et la *Couronne d'acier* la remplaça. Il eût été vraiment difficile d'attirer des fonds à l'aide d'une publication où l'on ne parlait que de pendus. La *Couronne d'acier* lui permit de lancer un emprunt au capital de 30 millions, devant rapporter un intérêt annuel de 10 0/0. Tout souscripteur ayant versé la somme de 50 francs avait droit à un lot de terrain de 5,000 mètres carrés de superficie, en Patagonie. Il pouvait, en plus, suspendre à sa boutonnière la médaille commémorative instituée à l'effet de perpétuer le souvenir de la fondation du royaume d'Araucanie.

Aux souscripteurs de 100 francs il était accordé 10,000 mètres de terrain et l'ordre royal de la Couronne d'Acier ; à ceux de 1,000 francs, 100,000 mètres de terrain et l'ordre royal de l'Etoile du Sud, avec un titre nobiliaire.

Le ruban de la médaille et des croix était de couleur rouge, liséré noir d'un côté et vert de l'autre. Le rouge représentait la force, le noir la France en deuil, le vert l'espérance. D'après les prescriptions mentionnées sur les brevets, ces insignes ne devaient être portés que dans les cérémonies particulières et dans la vie privée. Mais les titulaires se montraient sur la voie publique et par des plis savamment combinés dissimulaient les lisérés, ne laissant voir que la partie rouge, qui imitait ainsi le ruban de la Légion d'honneur.

La garantie de l'emprunt reposait principalement sur le retour d'Orélie en Araucanie, et les fonds devaient être encaissés au secrétariat de son royaume, rue de Grammont, n° 2.

Cet emprunt, avec distribution de médailles,

de croix, de titres, lui attira des souscripteurs, plus désireux de porter une décoration et d'être qualifiés comtes ou marquis que de partir en Patagonie. Il fut bientôt entouré d'intrigants qui, à l'aide de ces brevets et de ces titres imaginaires, captèrent la confiance du public, et des plaintes arrivèrent au Parquet.

Je fus chargé par M. Mathieu de Vienne d'examiner les papiers du nommé Tounens, se disant roi d'Araucanie, et de saisir ceux relatifs aux plaignants.

A l'époque de l'Exposition de 1867, j'étais officier de paix au Xe arrondissement. J'avais la responsabilité des services à établir aux gares des chemins de fer de l'Est et du Nord pour l'arrivée et le départ des souverains, petits et grands. J'ai donc vu un certain nombre de têtes couronnées ; il était réservé à Orélie de m'en faire connaître une dans l'intimité.

En 1872, il occupait à l'hôtel du Périgord, rue de Grammont, deux pièces situées au 4e étage, du prix mensuel de 60 francs.

Si le faux prince Scanderberg exigeait des demandes d'audience, Orélie se contentait d'une simple carte de visite sur laquelle il indiquait l'heure de sa réception. Je lui fis présenter la mienne, sous enveloppe, à huit heures du matin. Il me la retourna avec cette mention : « Sa Majesté sera visible à deux heures ». J'ajoutai dessous en la renvoyant : « Exécution d'un ordre de justice ». Cinq minutes après, le garçon de l'hôtel m'introduisait dans le cabinet royal.

Orélie m'apparut enveloppé d'une simple robe de chambre. Grand, assez fort, la figure ouverte, il portait sa chevelure longue, frisée et noire comme toute sa barbe. La physionomie était douce, avenante et sympathique dans son ensemble.

Il me dit :

— Votre présence me gêne en ce moment.

— C'est généralement, répondis-je, l'effet que produisent les auxiliaires du procureur de la République.

— Je n'ai rien à craindre d'eux; mais, cette nuit, me sentant indisposé, j'ai absorbé un médicament, et voici, sur ce petit fourneau portatif, la marmite contenant le bouillon d'herbes... libérateur.

— Eh bien ! ne vous gênez pas : nous causerons entre deux selles, au siège du gouvernement royal d'Araucanie.

C'était le cas de répéter ce vers classique :

Pour grands que soient les rois, ils sont ce que nous sommes.

Et je lui donnai connaissance de l'objet de ma mission.

D'une manière affable, sans la moindre réticence, il me mit au courant de sa situation, ouvrit ses tiroirs, et m'exhiba ses papiers. J'en saisis quelques-uns, qui furent cotés et paraphés avec un soin méticuleux.

— Cela me rappelle, dit-il, mon ancienne profession d'avoué.

— Que vous auriez dû ne pas abandonner, répondis-je.

Maintenant, je vais vous interroger.

— Quel est votre état civil?

— Antoine de Tounens, né à Chourmac, arrondissement de Périgueux, le 12 mai 1825, célibataire, élu par des assemblées de tribus indiennes roi d'Araucanie et de Patagonie, le 17 novembre 1860, sous le nom d'Orélie-Antoine Ier.

— Vous n'avez pas d'autre domicile que cette chambre à coucher, qui vous sert de cabinet de travail ?

— Non...

— Et votre personnel, où se tient-il ?

— Le garçon de l'hôtel me suffit.

— Sur vos lettres à en-têtes, sur vos cachets, sur vos timbres secs, je lis : « Cabinet du roi, secrétariat du royaume d'Araucanie, agence financière », et seul vous occupez les fonctions que nécessitent ces diverses administrations ?

— Vous l'avez constaté par les minutes de ma

correspondance. Je travaille le matin et le soir; l'après-midi, je reçois mes conseillers et mes amis, tels que : le prince Scanderberg, MM. Mahon de Monagham, de la Rosa, Bustelli-Foscolo, G. de Sola, G. Hugelmann, Revoil et Troncin-Dumersan.

— Et ce sont eux qui vous ont incité à faire des appels de fonds, au moyen d'emprunts et de décorations?

— Ils m'ont rappelé le mot de Danton : « De l'audace, encore de l'audace, toujours de l'audace ! »

— Scanderberg et Bustelli ont en effet poussé l'audace jusqu'à l'impudence; ils se sont affublés de costumes dont l'épée, ou le sabre, était sorti du fourreau; et l'un et l'autre n'ont eu à combattre que les victimes de leurs escroqueries.

— Moi, je suis un conquérant pacifique.

— A quoi vous sert alors le général Quillapan, ministre de la guerre ?

— A imposer la crainte aux ennemis de mon œuvre de civilisation.

— Vous imitez Scanderberg et Bustelli en cherchant à placer des terrains étrangers, et pour attirer les actionnaires vous leur offrez encore, comme eux, des décorations et des titres nobiliaires, avec ou sans apanage.

— J'ai des dettes, et l'argent de mes amis ne me suffit plus.

— Si votre emprunt n'a pas donné le résultat attendu, la vente des ordres que vous avez créés vous rapporte d'excellents bénéfices. Mais la grande chancellerie de la Légion d'honneur a refusé son autorisation au port de pareils insignes; aussi, parmi votre clientèle de gens enrubannés, il s'est trouvé deux familles qui ont porté plainte en abus de confiance contre vous.

— Je ne fais pas le commerce des croix, je les offre simplement à ceux qui s'intéressent à la cause Araucanienne.

— Cependant, les minutes des lettres que nous venons de parapher sont significatives. Relisons ensemble celle-ci :

Monsieur,

Un voyage de quelques jours m'a empêché de répondre à votre lettre.

La médaille commémorative n'est pas encore frappée, la matrice coûte très cher; mais je puis vous envoyer un diplôme de l'ordre royal de la Couronne d'Acier, ce qui est beaucoup plus que la médaille. La croix et le ruban sont vendus par M. Lemaitre, 40, rue Coquillère. La croix est de 35 francs; le ruban n'est pas d'un prix élevé. Si vous pouvez compléter une ou deux actions, je vous adresserai immédiatement votre diplôme au grade de chevalier.

Quant aux formalités à remplir à la chancellerie française, il faut attendre que je sois rentré dans mon royaume, ce qui aura lieu avant peu.

En attendant votre réponse, agréez, monsieur, l'assurance de ma considération distinguée.

Prince O. A. DE TOUNENS.

Et celle-là :

Monsieur,

L'ordre de la médaille commémorative est de 20 fr. frais compris.

Quant à l'ordre royal de la *Couronne d'Acier*, surmontée de la Croix du Sud, vous ne pouvez l'obtenir qu'en adhérant à l'association en participation, et que j'ai fondée.

Veuillez agréer, etc.

— Vous citez là des exceptions.

— Qui confirment la règle. Et ce diplôme payé 500 francs, que vous alliez envoyer à M. Poirier. En voici la teneur :

Orélie-Antoine Ier, par la grâce de Dieu et la volonté des peuples de l'extrême Sud du continent américain roi d'Araucanie et de Patagonie :

A tous présents et à venir : Salut !

Voulant récompenser les éminents services rendus à notre cause et à notre personne par notre cher et bien-aimé Charles Poirier, propriétaire, chevalier de notre ordre royal de la Couronne d'Acier,

Nous avons jugé bon de lui conférer héréditairement, à perpétuité, le titre de *Baron* et, comme témoignage de notre bienveillance particulière, de donner à une partie des territoires de notre royaume la dénomination de « Baronnie de Rocheforte ».

Lesdits territoires constitueront son apanage avec tous les droits et privilèges qui y seront attachés, en vertu de nos décrets et des lois du pays.

Les armoiries seront : de gueules au chevron d'or ; l'écu, timbré d'une couronne de baron. Elles auront pour tenants deux guerriers armés. Il prendra pour devise : *Crescam et prosim!*

Donné à Paris le quinze juin de l'an de grâce mil huit cent soixante-douze, et de notre règne le douzième.

Signé : ORÉLIE-ANTOINE Ier »

— Charles Poirier, par ses écrits et ses relations financières, m'aide à l'accomplissement de ma grande œuvre. On me traite d'aventurier, de roi de fraîche date !... Soit... Je marche vers l'avenir. Je dois cependant reconnaître avec vous que les agissements du prince Scanderberg et de Bustelli-Foscolo n'ont pas toujours été corrects ; mais ils ont comme moi à lutter contre leurs ennemis.

— Qu'ils auraient pu s'éviter en restant plus modestes. Malheureusement pour vous, leurs noms se trouvent accolés au vôtre, même dans les agences matrimoniales. Ils sont à la recherche de veuves pourvues de fortune.

— J'ai renoncé à ce moyen ; mais je compte

sur mon « Epître d'amour » aux demoiselles à marier, en France et à l'étranger, qui réuniront les conditions posées à la fin de ma missive, parue dans mon journal *la Couronne d'Acier*, et qui n'a pas moins de 400 lignes. En voici la fin :

Maintenant, mesdemoiselles, que je vous ai fait connaître mes antécédents politiques au résultat desquels j'ai fondé un royaume qui est appelé, par sa position géographique et par ses ressources naturelles, à devenir un des premiers du monde, je désire fonder ma dynastie, faire enfin souche royale ; pour cela, il me faut une compagne qui consente à partager mes plaisirs comme mes peines. Dans ce but, je m'adresse à toutes celles de vous qui sont digne et désireuses de porter une couronne royale et de m'aider à accomplir mes vues politiques, dynastiques et enfin de famille.

Celles de vous qui prendront ma demande en considération et qui désireront me connaître physiquement n'ont qu'à demander ma photographie. On la trouvera :

1° A Paris, chez M. Carjat, rue Laffite, 56 ; elle est aussi chez d'autres photographes dans la même ville ; mai je n'ai pas les adresses sous la main.

2° Mon portrait dans l'*Illustration* du 28 novembre 1863, page 356. — Rue Richelieu, 60, à Paris.

3° A Bordeaux, chez M. Floire, 61, cours d'Aquitaine ;

4° Même ville, chez M. Panajau, 29, rue de la Course ;

5° A Marseille, chez M. Brion, 73, rue Saint-Ferréol.

Tous les photographes qui ont ma photographie sont autorisés à la délivrer à toute personne qui en fera la demande.

Pour ce qui me concerne, voici mes conditions :

1° Une demoiselle honnête et appartenant à une famille honorable ;

2° Bien constituée, avec un bon caractère, intelligente, instruite, belle et jolie femme ;

3° Qu'elle partage mes goûts de royauté, et enfin qu'elle réunisse la plus grande somme de qualités pour faire, autant que possible, une reine parfaite, afin de porter dignement la *Couronne royale d'Acier* et de m'aider à rendre mon royaume puissant et florissant et à répandre la prospérité et le bonheur au milieu de mes sujets.

Tels sont mes vœux les plus sincères et les plus profonds.

Toute demoiselle qui réunira ces conditions est priée de m'envoyer sa photographie avec son nom et y joindre les renseignements nécessaires en semblable circonstance. Elle et sa famille peuvent compter sur toute ma discrétion.

Veuillez agréer, mesdemoiselles, l'assurance de mes sentiments les plus respectueux.

PRINCE O.-A. DE TOUNENS,

Roi d'Araucanie et de Patagonie ou *Nouvelle-France*.

— Cette « Epître d'amour » est une excentricité qui n'aura pas plus de succès que votre emprunt.

— En France, c'est possible ; mais en Angleterre et en Amérique, on comprendra mieux ce genre de mariage. Je réussirai... ma position est exceptionnelle, unique au monde ; à moi seul, j'ai fondé un royaume, et, n'étant allié à aucune famille régnante, je cherche à ma façon une honnête femme, digne d'être reine.

— Après votre captivité au Chili, vous êtes revenu à Paris, où en 1864 vous avez été poursuivi sous l'inculpation d'escroquerie.

— J'ai obtenu mon acquittement. Les plaintes portées contre moi, à cette époque, n'étaient pas plus sérieuses que celles d'aujourd'hui, et je vais, au sujet de ces dernières, envoyer une lettre explicative au juge d'instruction.

— Voulez-vous signer ce procès-verbal ?

— Ma qualité de souverain s'y oppose.

Et j'ai quitté l'ex-avoué de Périgueux avec la conviction qu'il était atteint de la folie des grandeurs, laquelle lui faisait prendre au sérieux son rôle de roi méconnu.

Je ne crois pas utile de citer les autres personnages plus ou moins mêlés aux pratiques coupables des aventuriers del Prato et Bustelli, puisque la justice n'a pu établir contre eux que des combinaisons artificieuses et déloyales, mais insuffisantes pour démontrer le délit d'escroquerie. Si les preuves morales étaient accablantes, les preuves matérielles devenaient difficiles à soutenir, par suite du mutisme des dupes, aussi naïves qu'étaient habiles leurs dupeurs. Ils ne firent du reste aucune réclamation, et ce fut la préfecture de police qui récolta les fruits de toutes mes fructueuses perquisitions. Elles lui facilitèrent la reconstitution de nombreux dossiers, que les anciens titulaires croyaient à jamais anéantis par les incendies de mai 1871.

Maintenant, il reste à faire connaître le résultat des poursuites exercées contre del Prato et Bustelli. Ce dernier, malgré sa promesse de se présenter à toute réquisition de justice, refusa, après le dépouillement de ses papiers, de revenir au cabinet de M. Mathieu de Vienne. Del Prato suivit son exemple. Le juge d'instruction remit aux inspecteurs de la sûreté des mandats d'amener, et Bustelli, arrêté, fut conduit à la prison Mazas.

Del Prato, au lieu de tuer celui qui toucherait à sa personne royale, fila à l'anglaise vers l'Espagne, la nuit, comme un vulgaire pickpocket. Il n'avait point oublié de soulager de 20,000 francs la caisse de son complice Bustelli, qui lui avait si généreusement offert l'hospitalité. C'est alors qu'il a regretté son enthousiasme sur l'esprit chevaleresque et la loyauté du caractère de Scanderberg.

Le Parquet simplifia les débats, trop chargés de détails, en évitant aux témoins entendus dans l'instruction de se présenter à la barre du tribunal de police correctionnelle. Du reste, la plupart auraient fait défaut, afin de ne pas avouer publiquement qu'ils avaient versé beaucoup d'argent pour avoir le droit de porter de fausses décorations. Il ne retint donc à la charge de del Prato et de Bustelli que les actes delictueux lui paraissant nettement caractérisés.

En ce qui concerne del Prato, la prévention n'a relevé que deux escroqueries : l'une commise à Marseille, et l'autre à Paris.

Je cite le journal *le Droit*, du 9 août 1872 :

Au mois de novembre 1871, Skanderberg a fait à Marseille la connaissance du sieur Guillaumier, amateur, et plus collectionneur que connaisseur de tableaux ; avec l'aide de trois amis complaisants, il a réussi à lui persuader qu'il avait en Italie et en Angleterre de magnifiques galeries dans lesquelles figuraient notamment un Claude-Lorrain, deux Joseph Vernet et deux Paul Véronèse. Skanderberg avait avec lui ces cinq toiles dont il a consenti à se défaire moyennant 22,000 fr. de valeurs que Guillaumier lui a remises.

Bientôt, l'heureux possesseur de ces chefs-d'œuvre invitait à les examiner la commission des beaux-arts, tout exprès convoquée par M. le maire de Marseille, et il apprenait que leur importance artistique était absolument nulle. Un expert commis par M. le juge d'instruction évalue les cinq tableaux à 190 fr.

En décembre 1871, Skanderberg, par l'intermédiaire de Bustelli, a connu à Paris le comte d'Alcantara. Accompagné de ses deux aides de camp, il s'est présenté à l'hôtel qu'un riche propriétaire occupe rue du Bel-Respiro. Il a fait voir deux ou trois tableaux d'une valeur de 4,000 fr., disait-il, parla de ses galeries, des 400,000 fr. qu'il attendait de Florence, de sa femme et de ses enfants qui allaient venir le rejoindre.

Comme il était sur le point de remonter sur son trône, il nomma M. d'Alcantara premier chambellan, général de brigade et grand-croix de l'ordre d'Epire. Pour reconnaître tant de bontés, M. d'Alcantara ne pouvait faire moins que de lui offrir l'hospitalité, de l'admettre à sa table, de mettre à sa disposition ses nombreux domestiques, et de lui avancer de l'argent.

Lorsque M. d'Alcantara fut désillusionné par M. le comte de Trappani, il était déjà en avance de 3,000 fr., grâce aux fêtes que Skanderberg avait données dans son hôtel et à ses frais.

Ce ne fut qu'avec peine qu'il réussit à s'en débarrasser.

Le tribunal, sur les réquisitions de M. l'avocat de la République Tanon, condamne le soi-disant prince Georges Castriot Skanderberg d'Epire et d'Albanie, par défaut, à cinq ans de prison et 3,000 fr. d'amende.

Quant à Bustelli, il comparut les 19 et 25 juillet 1872 devant la 9e chambre correctionnelle, présidée par M. Collin de Verdière, sous l'inculpation d'usurpation de titres, de commerce de décorations et d'escroqueries.

Nous reproduisons ci-après les attendus de son jugement :

Sur le chef d'escroqueries :

Attendu qu'il résulte de l'instruction que dix témoins entendus ont affirmé avoir reçu des mains de Bustelli la décoration de l'ordre de Santa-Rosa, dont le diplôme a été remis à chacun d'eux sans avoir offert ou reçu aucune somme d'argent en échange de cette décoration ;

Attendu que la prévention a relevé dans les faits résultant de l'instruction trois chefs dont le tribunal est saisi :

1° Le fait concernant Savart ;

Attendu que Savart, cordonnier, qui a reçu un brevet de chevalier de l'ordre de Santa-Rosa, affirme que la somme de 5,000 fr. par lui dennée l'a été pour contribuer à la construction d'un établissement hospitalier dans le pays de Honduras, et n'est pas le prix d'une décoration qu'il a reçue sans qu'aucune condition de remise d'argent lui ait été imposée ;

Que les manœuvres frauduleuses ne sont donc pas établies, et qu'il n'y a lieu d'accueillir la prévention de ce chef ;

2° Le chef relatif à Van-Soolen;

Attendu que ce fait s'est passé à une date remontant à plus de trois années, et qu'ainsi il est couvert par la prescription ;

3° Le chef Pathé ;

Attendu que, d'un côté, il n'est pas démontré que le brevet qui lui a été conféré est irrégulier, et que, d'un autre côté, lors même qu'il manquerait de régularité, il faudrait, pour que l'article 405 fût applicable, qu'il y ait eu remise à Bustelli de sommes ou valeurs ;

Attendu, à cet égard, que s'il résulte de la déclaration de Pathé qu'il aurait remis à Berthier une somme de 2,500 fr., il ignore si celui-ci l'a remise à Bustelli ;

Attendu que le fait de la remise de cette somme, nié par Bustelli, n'est pas suffisamment établi, et qu'il ne peut lui être fait application de l'article 406 du Code pénal ;

Attendu qu'en cet état des faits la prévention d'escroquerie n'est pas établie,

Renvoi Bustelli de ce chef.

Sur le chef d'usurpation de titres :

En ce qui touche le titre de comte :

Attendu que Bustelli, sujet italien, produit un acte testamentaire de D.-A. Foscolo, dont la copie, régulièrement légalisée, a, tant qu'elle n'est pas déclarée fausse, un caractère d'authenticité suffisant pour lui attribuer le titre de comte et que ce chef de la prévention n'est pas établi ;

En ce qui touche les titres de consul général et de ministre de la république de Honduras :

Attendu qu'il résulte de l'instruction, des débats et des documents du procès, que s'il est vrai que Bustelli n'ait jamais pris le titre de ministre plénipotentiaire en France, il est établi qu'il a pris sans droits en France, le titre de ministre plénipotentiaire en Belgique et en Italie ;

Que ce fait constitue le délit prévu et puni par l'article 259, § 2 du Code pénal ;

Attendu, en second lieu, qu'il est établi qu'en France il a distribué, au nom du gouvernement de Honduras, des décorations de cet Etat, sans avoir reçu pour cela l'agrément du gouvernement français, et que ce fait de distribution de décorations est une fonction publique qui ne peut être exercée en France sans l'autorisation du gouvernement français ;

Qu'il y a donc lieu d'appliquer à Bustelli l'article 259 du même Code ;

Faisant application de ces articles, et modérant la peine par application de l'article 463 ;

« Par ces motifs,

« Condame Bustelli à une année d'emprisonnement et aux dépens. »

On lit encore dans *Le Droit*, numéro du 29 août 1872 :

COUR D'APPEL DE PARIS

CHAMBRE CORRECTIONNELLE

Président: *M. BERTRAND*

Conseiller rapporteur, M. Gast. — Avocat général, M. Manuel

Audiences des 24 *et* 28 *août* 1872.

Des appels respectifs ayant été interjetés contre le jugement du tribunal correctionnel, tant par le prévenu que par le ministère public, la cause fut portée devant la Cour d'appel de Paris, chambre correctionnelle, à l'audience du 24 août. La Cour, sur le rapport présenté par M. le conseiller Gast, après avoir entendu Me Lenté, avocat de l'appelant, et en ses réquisitions M. l'avocat général Manuel, remit au 28 le prononcé de son arrêt. A l'ouverture de l'audience de ce jour, l'affaire ayant été appelée, la Cour a statué en ces termes :

La Cour :

Sur l'appel du prévenu :

Considérant que le fait d'avoir distribué en France, sans l'autorisation du gouvernement, des décorations étrangères ne présente point les caractères du délit d'immixtion dans les fonctions publiques prévu par l'article 258 du Code pénal ; que, conséquemment, c'est à tort que les premiers juges ont relevé à la charge de Bustelli ce chef de prévention, et lui ont fait l'application des dispositions dudit article ;

En ce qui concerne l'usurpation de titres :

Considérant qu'il n'est pas suffisamment établi que Bustelli s'arroge le titre « de comte » sans y avoir aucun droit ; d'autre part, le titre de « ministre plénipotentiaire », qu'il aurait usurpé, se réfère à des fonctions diplomatiques, et non à une distinction honorifique ; que les dispositions de l'article 259 du Code pénal, dont il a été fait application pour ce fait au prévenu, ne réprimant que les usurpations pratiquées en vue de s'attribuer une distinction honorifique, il y a lieu de le relaxer également de ce chef de prévention ;

Sur l'appel émis à l'audience par M. le procureur général, et tendant à l'infirmation du jugement, en ce qu'il a relaxé Bustelli de la prévention d'escroquerie :

En ce qui concerne l'escroquerie au préjudice de Van Soolen :

Adoptant les motifs des premiers juges ;

Considérant, au surplus, qu'en matière pénale la prescription est d'ordre public ; qu'il est du devoir du juge d'opposer d'office cette exception, alors même que le prévenu déclare renoncer à s'en prévaloir ;

En ce qui concerne les escroqueries au préjudice de Savart et de Pothé :

Considérant qu'en 1871, à Paris, Savart, fabricant de chaussures, a remis à Bustelli une somme de 5.000 fr. ; que, de son côté, Bustelli a conféré à Savart la décoration de l'ordre de Santa-Rosa et de la Civilisation du Honduras ; que nonobstant les réticences imposées à Savart par le caractère peu avouable de cette négociation, il résulte de ses déclarations dans l'instruction et à l'audience que ces agissements constituaient un véritable marché ; qu'en effet, il reconnaît que Bustelli l'avait engagé à encourir à la fondation d'un hospice dans le Honduras ; qu'antérieurement à la remise des fonds, Bustelli lui avait déclaré que cette offrande serait récompensée par une décoration, et qu'aussitôt après avoir versé les 5.000 francs Savart a effectivement reçu de la main de Bustelli la décoration annoncée par ce dernier ;

Considérant qu'indépendamment de l'invraisemblance qu'il y avait à admettre que c'est un sentiment de libéralité qui a déterminé Savart à un pareil acte de bienfaisance en faveur d'un pays éloigné, et qui lui était complètement inconnu, il est démontré que la remise des fonds n'a eu d'autre mobile que la certitude d'obtenir en retour une décoration ; qu'effectivement, après avoir reçu le brevet qu'il avait ainsi acheté, Savart ne s'est plus occupé du sort de son offrande ; qu'il avait été forcé de reconnaître qu'il ignorait si ces fonds avait été affectés à la destination convenue ; que, conséquemment, il est manifeste que la décoration octroyée par Bustelli formait l'unique condition de la remise des 5.000 francs versés par Savart, et dont, après l'obtention du brevet, ce dernier n'avait plus à réclamer aucun compte ;

Considérant qu'en présence des éléments de

preuve résultant de l'instruction, il n'y a pas lieu de s'arrêter aux dénégations de Bustelli, qui soutient n'avoir reçu de Savart aucune somme d'argent ;

Considérant qu'en 1871, à Paris, un trafic de même nature est intervenu entre Bustelli et Pothé, par l'entremise d'un sieur Berthier ; que Berthier fut informé par le tailleur de Bustelli, le sieur Raynat, décoré lui-même de plusieurs ordres étrangers, et se faisant appeler comte de Saluces, que le ministre plénipotentiaire du Honduras vendait des décorations ; que Berthier ayant fait connaître à Pothé la possibilité d'obtenir à prix d'argent une décoration de ce pays, le conduisit en la demeure de Bustelli, où Pothé remit à ce dernier, soit directement, soit par l'intermédiaire de Berthier, une somme de 2,500 francs contre la délivrance du brevet de chevalier de l'ordre de Santa-Rosa.

Que vainement Bustelli prétend n'avoir reçu de Pothé aucune valeur ; qu'il est établi par la déposition de Pothé faite devant le juge d'instruction, et dont il a énergiquement maintenu la véracité par une lettre par laquelle il exprime ses regrets de n'avoir pu assister aux débats, qu'il a reçu son brevet dans la demeure et des mêmes mains de Bustelli ; que peu importe que le pli qui renfermait les billets de banque formant le prix de la décoration ait passé par les mains de Berthier avant de parvenir à Bustelli, le véritable destinataire ; qu'il est certain que les 2,500 francs ont été payés par Pothé dans le cabinet même de Bustelli ; que Berthier, qui nie d'ailleurs avoir reçu les fonds, n'aurait pu les garder en présence même du vendeur qui livrait la chose dont ils formaient le prix ;

Considérant que les brevets, en échange desquels Savart et Pothé ont remis à Bustelli, l'un 5,000 fr., et l'autre 2,500 francs, n'avaient aucune valeur ; qu'en effet, ces brevets, rédigés en langue française, et datés de Bruxelles, bien qu'ils aient été fabriqués à Paris, ne sont point signés par le président de la république du Honduras, mais portent uniquement la signature de Bustelli, se disant « maréchal-ministre »; qu'il est de principe en matière de distinctions honorifiques, qu'elles doivent directement émaner du chef de l'Etat où elles sont instituées; que, spécialement pour les décorations du Honduras, ce principe est formellement consacré par les statuts de l'ordre de Santa-Rosa, dont l'article 6 porte : « Les diplômes qui seront concédés seront revêtus de la signature du président, du secrétaire de Sénat, et de celle du ministre des affaires étrangères » :

Considérant qu'à la vérité Bustelli produit une lettre du 15 mars 1872, qu'il dit émaner du ministre des affaires étrangères du Honduras, et qui l'autoriserait à distribuer vingt-cinq diplômes aux ersonnes qu'il jugerait dignes de cette distinction;

Mais, considérant qu'en admettant même l'authenticité, qui n'a pu être vérifiée, de cette lettre, il n'en résulterait nullement pour Bustelli le droit de créer et de signer des diplômes; qu'une dérogation aussi insolite aux principes reçus en cette matière et aux dispositions textuelles des statuts de l'ordre de Santa-Rosa ne pourrait se fonder que sur des termes exprès et précis; que rien, dans la lettre dont il s'agit, ne confère à Bustelli une prérogative aussi exorbitante; qu'il est simplement autorisé à distribuer vingt-cinq diplômes, mais non à les créer et à leur donner de la valeur par sa seule signature;

Considérant que le caractère frauduleux des diplômes délivrés par Bustelli à Pothé et à Sayart se trouve en outre démontré par les constatations auxquelles il a été procédé lors d'une perquisition opérée en sa demeure, perquisition qui a fait découvrir tout un attirail pour la fabrication de diplômes honorifiques, et, à côté de quelques diplômes en langue espagnole, paraissant régulièrement pourvus de la signature du président de la république du Honduras, existait plus de deux cents brevets en blanc de même nature que ceux qui ont été délivrés à Savart et à Pothé ;

Considérant, dès lors, que l'événement en vue duquel Savart et Pothé ont remis des fonds à Bustelli était purement chimérique, la distinction honorifique qu'ils ont obtenue de lui n'ayant aucune valeur réelle ;

Considérant que pour faire naître l'espérance de cet événement, et en outre pour persuader l'existence du crédit imaginaire, en vertu duquel il a délivré, comme valables, des brevets munis de sa seule signature, Bustelli a eu recours à des manœuvres frauduleuses ;

Qu'effectivement, malgré de nombreuses lettres de créance dont il est porteur, et qui semblent l'accréditer en qualité d'agent diplomatique du Honduras auprès de différents Etats de l'Europe, Bustelli n'a été admis en cette qualité par aucun d'eux, et n'a pu obtenir l'*exequatur* nulle part ; que, nonobstant ces refus d'admission, il a pris à tâche de se faire considérer comme ayant été officiellement reconnu et accepté par les gouvernements italien et belge, et même par le gouvernement français ;

Qu'il s'est ainsi posé, non seulement comme jouissant des immunités et des prérogatives des agents diplomatiques reconnus, mais encore comme investi de l'honorabilité personnelle que suppose une telle situation : qu'ainsi il a fait apposer à la porte de son logement à Paris une plaque portant cette indication : Demeure du ministre plénipotentiaire de la République de Honduras ; que de tels procédés avaient pour but de faire penser qu'il n'était pas simplement en possession d'un titre qui demeure stérile et inerte tant qu'il n'est point admis par l'Etat auquel il se réfère, mais qu'il était dans la plénitude de l'exercice de ses fonctions diplomatiques ;

Que ces manœuvres ont évidemment trompé la confiance de Savart et de Pothé dans la validité des titres qui leur étaient conférés, et par suite déterminé la remise des fonds qu'ils ont versés pour les obtenir ;

Qu'il résulte de ces faits que c'est en employant des manœuvres frauduleuses pour faire naître l'espérance d'un événement chimérique et persuader l'existence d'un crédit imaginaire, que Bustelli s'est fait remettre en 1871, à Paris, 5,000 francs par Savart et 2,500 francs par Pothé ;

Qu'il s'est ainsi rendu coupable du délit prévu par l'article 405 du Code pénal ; que, par conséquent, la décision des premiers juges qui l'ont relaxé de ces chefs de prévention doit être infirmée ;

Par ces motifs,

La Cour, prononçant sur les appels respectifs du prévenu et du ministère public :

Confirme le jugement dont est appel en ce qu'il a déclaré éteinte par la prescription l'action publique relativement à l'escroquerie au préjudice de Van So olen;

Sur tous les autres points :

Met ledit jugement au néant ;

Emendant et statuant par décision nouvelle :

Renvoie Bustelli des chefs de prévention d'immixtion dans des fonctions publiques et d'usurpation de titres ;

Le déclare coupable du délit d'escroqueries ;
Le condamne en conséquence à une année d'emprisonnement, 50 francs d'amende ;
Fixe la durée de la contrainte par corps au minimum du temps déterminé par la loi, et condamne Bustelli aux dépens.

Mais, depuis vingt-cinq ans, qu'est devenu ce monde singulier, dont la plupart des membres le composant ne vivaient que par la ruse, la fraude et l'espionnage ?

Je me suis intéressé aux principaux personnages qui avaient gravité autour de del Prato et de Bustelli, et qui, dévorés d'ambition, doués de cette intelligence spéciale, audacieuse, fertile en ressources, cherchaient à conquérir la haute vie que leur refusaient la naissance et la fortune.

Il m'a été facile de les suivre de 1872 à 1884, étant alors en fonctions. Depuis 1884 jusqu'en 1898, j'ai été renseigné par la presse, et, malgré ses divergences d'opinions, soit qu'elle attaquât, soit qu'elle défendît les hommes mis sur la sellette de la publicité, j'étais fixé sur le rôle de ceux que j'avais surpris tant de fois les mains dans les poches de gens inexpérimentés. Les journaux ont souvent reproduit les noms de ces faiseurs, dans des marchés malpropres, dans des tripotages de hausse et de baisse sur des valeurs fictives, dans des concessions irrégulières de chemins de fer étrangers, dans des spéculations sur les denrées alimentaires et sur des produits agricoles. Quelques-uns, à bout d'expédients, se sont jetés dans la politique de combat, au lieu de chercher le silence et l'oubli.

Quant aux individus sérieusement titrés, sympathiques aux deux escrocs del Prato et Bustelli, et dont l'existence laissait à désirer sous certains points de vue, ils paraissent être devenus honnêtes à la suite de mésalliances compensées par des fortunes immenses. Ils se sont retirés pour vivre en famille.

Après les généralités, je passe aux personnalités.

Le soi-disant prince Georges Castriot Scanderberg d'Épire et d'Albanie n'a pas relevé, d'ailleurs, comme tous les étrangers, sa condamnation par défaut. A la suite de son départ précipité de Paris, il a vécu du produit de la vente des tableaux provenant de ses faux ancêtres, puis ce comédien de grandes routes, au crédit épuisé, a fait annoncer son décès dans des publications italiennes.

Il en a été de même pour son compère Bustelli-Foscolo qui, expulsé de France, se réfugia d'abord à Londres puis à Naples, où les journaux, au mois de janvier 1881, insérèrent sa mort. Mais comme Rocambole, le héros romantique de feu Ponson du Terrail, ces deux malfaiteurs ont peut-être su trépasser au bon moment pour mieux revivre plus tard. C'est encore une manière de tromper ses semblables. Reparaîtront-ils encore sur nos boulevards ? C'est possible, car cet être indéfini qu'on appelle « Tout Paris » ne garde pas longtemps rancune aux financiers véreux, aux gentilshommes biseautés ; il a des trésors d'indulgence pour les caméléons politiques, les femmes adultères et les filles galantes.

A la suite de ma perquisition, Orélie ne fut pas poursuivi ; il comparut seulement comme témoin à charge contre le nommé Giraud, son courtier, qui, pour mieux capter la confiance de ses dupes, leur vendre des terres araucaniennes, des médailles et des croix, s'était fait passer pour le premier miuistre du roi des Patagons. Ce Giraud passa la frontière, et le tribunal de police correctionnelle le condamna à cinq ans de prison.

A l'occasion de ce procès, Orélie envoya des lettres rectificatives aux journaux qui avaient, selon sa version, inséré un compte rendu inexact. Il réclama même à MM. François et Balitout, gérant et imprimeur de la feuille judiciaire *le Droit*, la modeste somme de 100,000 francs. L'entière bonne foi de ces messieurs n'étant l'objet d'aucun doute, ils furent acquittés. Le 24 août 1873, le souverain du royaume d'Araucanie s'entendit condamner aux dépens.

Orélie, à la recherche de succès, entreprit des

voyages Ses ministres, ses agents, ses financiers, sa caisse et lui-même finirent par se trouver en état de vagabondage. Il ne rencontra pas non plus l'honnête fille qui devait être reine d'Araucanie. Il n'a pu mettre en pratique cette moralité diplomatique : « La femme fait l'union. »

Cette figure originale, pas malhonnête au fond, convaincue de la légitimité de sa royauté, s'est éteinte à Tourtoirac, près de Périgueux, le 20 septembre 1878. Sans l'assistance de monseigneur l'archevêque de Bordeaux, le cardinal Donnet, Orélie serait tombé dans la misère. Il avait cédé ses droits au trône d'Araucanie à M. le commandeur Achille Laviarde. Ce dernier est décédé le 16 mars 1902, à Paris, sans avoir, comme son prédécesseur, couru le moindre danger.

Le roi des Mosquitos, — autre souverain d'opérette, — né au faubourg Saint-Antoine, impasse de la Bonne-Graine, après de nombreux avatars, quitta les salons pour la roulotte de saltimbanque ; il opère maintenant sur les places publiques.

Le faux prince Abdallah del Guennaori, héritier du trône marocain, qui honorait de sa présence le sacre des chevaliers fabriqués par del Prato et Bustelli, s'est entendu condamner à un an de prison pour usurpation de titres nobiliaires et port illégal de décorations. Il a disparu. Je recommande la lecture de son procès, curieux, instructif, paru dans le journal *le Droit*, n^{os} des 18-19-20 juillet 1872. On y verra le rôle joué par des gens aujourd'hui respectés, et qui ne l'étaient guère à cette époque. Les nombreuses impostures de ce gentilhomme en doublé y sont décrites, notamment celle où il se vanta d'avoir sauvé la vie au prince de Joinville. Ce prétendu Marocain ignorait la langue, les usages d'un pays qu'il voulait gouverner et qu'il ne connaissait point. Il a tour à tour *roulé* l'armée, le clergé, la magistrature et les fonctionnaires de la police, petits et grands. Il se maria et trompa une honorable famille, après avoir promis, par écrit, de s'unir à une fille galante d'origine anglaise, nommée Cora Pearl. Les intermédiaires de ce dernier projet d'union n'étaient autres que Troncin-Dumersan et G. Hugelmann.

Le général Wiada, faux agent consulaire, a disparu. Condamné pour banqueroute frauduleuse, à Barcelone, il quitta, comme son ami del Prato, précipitamment Paris, abandonnant à son maître d'hôtel, pour solder sa dépense, ses trois petits enfants qui furent recueillis par M. Herran, le véritable ministre du Honduras, et dont il avait voulu prendre la place.

Le général don José-Maria Médina, créateur de l'ordre de Santa-Rosa, fut jugé en conseil de guerre, condamné à mort et passé par les armes le 8 février 1878, pour délit de conspiration contre le gouvernement de Honduras.

M. de la Rosa, sujet espagnol, marié à une Italienne, et qui, pendant quelques jours, avait caché del Prato chez lui, au Palais-Royal, galerie Montpensier, nº 36, a disparu. Ce grand maréchal du palais, attaché à la personne de Scanderberg, était aussi l'ami et le soutien de Bustelli.

M. E. Mahon de Monagham, ancien consul, l'un des partisans dévoués à la cause d'Orélie Ier, serait mort ; il avait, au grand jour, assisté de ses conseils, de ses écrits Orélie en lui prédisant un succès colossal ! Et son roi est mort pauvre, après avoir passé par l'hôpital.

Le commandeur baron Bardotti, qui voulut s'opposer à la perquisition du 24 avril 1872, au domicile respectif de Bustelli et de Scanderberg, avenue Napoléon, nº 3, acheta en 1875 un petit commerce d'épiceries, rue Saint-Jacques, nº 326. Il avait 800 francs de loyer, et son unique employée était Madeleine Prin, née à Mantoue (Italie), ancienne servante chez M. Caillouet, restaurateur à Suresnes (Seine), et l'ex-gouvernante de Bustelli. Bardotti fut bientôt signalé par ses confrères comme débitant, avec les denrées coloniales, des brevets de décorations de Charles III d'Espagne et de Santa-Rosa.

Le 21 juin 1876, M. Félix Voisin, préfet de

police, me chargea d'opérer une perquisition chez ce baron, commandeur de l'ordre équestre de Santa-Rosa, consul de Honduras, devenu épicier, et j'ai saisi, dans une chambre annexe de sa boutique, des lettres, des timbres, des cachets aux armes de la république de Honduras, et des reconnaissances du Mont-de-Piété constatant l'engagement de diverses décorations.

Bardotti ayant hérité des papiers de Bustelli, après son expulsion du territoire français, continuait à correspondre avec cet escroc réfugié à Londres et qui s'intitulait encore S. Exc. le comte Bustelli-Foscolo, ministre plénipotentiaire en retraite.

L'enquête qui suivit cette visite domiciliaire a établi qu'il donnait plutôt qu'il ne vendait les décorations de Charles III et de Santa-Rosa; aussi aucune suite ne fut donnée à cette affaire. Bardotti céda son épicerie le 1er mars 1877 et rentra définitivement dans l'oubli.

Bénazet, Dupressoir, B.-N. Revoil, Hugelmann sont décédés.

J'ai revu Levistenn au mois de février 1893, au théâtre impérial Michel à Saint-Pétersbourg. Je demandai à l'administrateur, M. Lanjallay, ancien artiste des Variétés de Paris, quelle était la composition d'une loge d'avant-scène. Il me nomma les personnages, parmi lesquels se trouvait Levistoff, courtier d'assurances maritimes. J'étais fixé sur ce juif errant qui continuait son système d'espionnage. A Paris, avant la guerre franco-allemande, il s'appelait Lévy; la paix conclue entre les deux puissances, il devient Levistenn, et à Saint-Pétersbourg, Levistoff. Il transforme ainsi la dernière syllabe de son nom, suivant le pays où il opère.

A partir de 1881, on perd la trace de Troncin-Dumersan.

Quant au prince Ostanik der Marcariantz et au comte Tscherniadieff, qui assistèrent aux réunions de del Prato et de Bustelli, nous leur consacrerons les chapitres suivants. Ces deux nobles de contrebande en valent certainement la peine.

Le lecteur, par ce qui précède, a pu facilement se rendre compte combien nous sommes accueillants à tous ces « sans patrie », qui se procurent si facilement des titres nobiliaires, et qu'on ramasse à la pelle dans les bazars de l'Orient. En France, à Paris surtout, ils s'imposent et profitent de la faiblesse de l'autorité pour vivre avec aisance, de ressources analogues à celles qu'emploient les habitués de nos prisons. Comme la canaille attire la canaille, elle finit par nous envahir, et les gens les plus honnêtes se laissent séduire par elle. Le charme fascinateur de Scanderberg et de Bustelli-Foscolo ont exercé une telle influence sur leurs dupes, que j'ai reçu la déclaration de personnes honorables, venant affirmer leur authenticité. « Mais comment les avez-vous connus, leur ai-je demandé? » — « Par des rapports de bonne société, de voyages, ou d'excellent voisinage » m'ont-elles répondu. Je leur ai mis sous les yeux des pièces établissant que c'étaient deux faussaires à la misère dorée, mêlée de splendeurs et plus encore d'expédients; elles n'ont point voulu reconnaître leur erreur par crainte d'être taxées de légèreté.

Aux habituelles fourberies des Scanderberg et des Bustelli je préfère la brutale franchise de Coffée, le complice du colonel Gaston dans le vol de 250,000 francs de bijoux commis au préjudice de Mme Gros-Chauvet, dont j'ai raconté la triste odyssée. Le président du tribunal correctionel ayant demandé à Coffée quelle était sa profession, le prévenu s'écria : « Pick-pocket ». Au moins avait-il le courage d'avouer son coupable métier.

Et dire qu'il n'a fallu qu'un peu d'énergie et de patience pour démasquer del Prato, l'aventurier hardi, et Bustelli, l'aigrefin cynique!

CHAPITRE IX

Ostanik der Marcariantz

Depuis l'année 1872, la presse s'est beaucoup occupée d'un sujet arménien du nom d'Ostanik der Marcariantz. Elle lui a consacré des articles, des chroniques, des nouvelles, et notre célèbre dramaturge A. d'Ennery eut même l'idée d'en faire le héros d'un drame destiné au théâtre de l'Ambigu-Comique.

Le titre de « Marcariantz » le séduisait d'autant plus, qu'il n'ignorait rien de l'existence de celui qui en prenait le nom ; M. Jaudin, cet excellent juge d'instruction, lui en avait fait connaître les détails, et je les lui ai complétés, après avoir été chargé par ce magistrat d'établir la biographie de cet étranger.

Au mois de février 1884, je me trouvais en villégiature dans l'adorable villa des Chênes verts, que possèdait d'Ennery au Cap d'Antibes ; et sous l'ombre des grands orangers nous causions de der Marcariantz, avec le maître de la maison, lorsque nous fûmes rejoints par Louis Davyl, l'auteur de La *Maîtresse légitime* et le collaborateur avec lequel d'Ennery travaillait alors à la pièce intitulée *L'amour*.

Davyl nous dit :

— La vie de cet Arménien n'est point banale et peut fournir les éléments nécessaires à un roman original.

Louis Davyl est décédé le 16 août 1890, et ce n'est qu'au mois de mai 1895 que d'Ennery donna à l'*Echo de Paris* un grand roman, dont le titre était *Marcariantz*.

Déjà le journal *l'Evènement*, dans ses numéros des 1, 17, 18, 21, 27 juillet, 3 et 10 août 1880, avait, sous la rubrique « Les Mystères de la rue de Jérusalem », publié une fausse histoire du faux prince Marcariantz.

La dernière chronique rédigée sur Ostanik, remonte au 21 décembre 1896 ; elle a paru dans le *Petit Journal*, sous la signature A. Duquesnel, ancien directeur du théâtre national de l'Odéon.

Tous ces récits, très fantaisistes, ont établi une sorte de légende autour de cette personnalité, et aucun des écrivains qui en ont parlé n'a montré ce jeune aventurier, à l'origine des plus humbles, sous son véritable jour. Doué de qualités intellectuelles extraordinaires, il mourut victime de son ambition démesurée.

Son histoire est curieuse, et des plus intéressantes. La voici :

La date de sa naissance est restée introuvable; l'enquête minutieuse dont il fut l'objet lui donnait de vingt-six à vingt-sept ans, le 4 février 1874, jour de son jugement, en police correctionnelle. Il est né à Van, ville d'un pachalik de la Turquie d'Asie où l'anarchie a longtemps régné, en raison des deux questions, politique et religieuse, qui bouleversent encore l'Arménie. Il s'appelle Ostanik; Meszophian est son prénom. Son père, qu'il n'a pas connu, exerçait la profession de relieur; sa mère vivait dans des conditions précaires.

Quant à « der Marcariantz », cela signifie « fils de prêtre ». C'était le surnom donné à l'auteur de ses jours.

Ostanik Meszophian fut élevé par la charité publique jusqu'au moment où un patriarche, émerveillé de l'intelligence précoce du petit mendiant vagabond, lui fit donner de l'instruction à Constantinople; puis le dirigea ensuite vers le collège des Arméniens, installé à Paris, rue Mon sieur. Il y entra gratuitement, le 13 octobre 1865.

A cette époque, il atteignait sa dix-huitième année.

Soupçonné de fournir à des pays étrangers au sien des renseignements sur le personnel de la maison, il fut congédié le 10 juillet 1867, et resta de nouveau sans argent, sans situation, sur les trottoirs parisiens, comme autrefois sur les chemins de l'Arménie lorsqu'il était en quête de pain et d'abri.

Un prêtre arménien, de passage dans la capitale, touché de sa grande misère, lui tendit une main secourable et sut intéresser au sort du jeune Ostanik Nubar-Pacha, appartenant à la religion arménienne, décédé à Paris, le 15 janvier 1899 et et qui, en 1867, représentait en France le vice-roi d'Egypte. Cet homme d'Etat lui assura les moyens de terminer ses études, et pendant huit mois, du 1er décembre 1867 au 31 juillet 1868, Ostanik compta parmi les élèves du collège Rollin.

Se livrant ensuite à un travail spécial qui le fit admettre, le 1er octobre 1869, à l'Ecole d'agriculture de Grignon, il quitta cet établissement le 15 août 1872, après avoir obtenu le n° 1 au concours de l'examen de sortie.

Nubar-pacha, fatigué de toujours solder les dépenses excessives d'Ostanik, le congédia en lui faisant parvenir une somme de 1,000 francs, et lui enjoignit formellement d'avoir à cesser des visites qu'il jugeait compromettantes, car, dans l'entourage de ce diplomate, comme au collège arménien, son protégé avait été accusé d'espionnage.

C'est à l'école de Grignon qu'Ostanik mena une vie luxueuse, qu'alimentaient seules ses nombreuses escroqueries. Après avoir pris le titre de prince Ostanik der Marcariantz, il fit usage de papier à lettre et d'un cachet sur lesquels, ainsi que sur le boîtier de sa montre et ses cartes de visite, se trouvaient gravées les armoiries d'une ancienne maison souveraine d'Arménie dont il prétendait être le descendant.

Connaissant à fond l'histoire de cette vaste contrée de l'Asie occidentale qui fut, pendant de longues années consécutives, le théâtre de révoltes, de guerres, d'usurpations et de violences, il savait que personne ne revendiquerait le titre de prince der Marcariantz, lequel n'existait point. Cela lui permit de duper le commerce parisien, toujours crédule et imprudent lorsqu'il s'agit de gens exotiques, affublés de titres et de décorations.

C'est ainsi que ce simple fils d'artisan, qui se disait possesseur de terrains immenses en Arménie, soutira, sans beaucoup d'efforts, près d'un million de marchandises à ses fournisseurs, et plus particulièrement à des bijoutiers.

On peut citer, parmi ses principales victimes,

les joailliers Bapst, Dumoret, Brunswick, Peack, qui lui livrèrent pour plus de 600,000 francs de bijoux. Son système consistait à renouveler les traites, et, afin de payer les uns, il achetait chez les autres. Sur un million de marchandises, il a réalisé à peine 300,000 francs.

Cette somme lui a permis de vivre d'une manière très large pendant deux années.

La plupart des bijoux et des parures ainsi obtenus étaient aussitôt engagés dans les divers bureaux auxiliaires du Mont-de-Piété ; sur un bracelet du prix de 40,000 francs, on lui a prêté 10,000 francs.

Il avait comme complice un usurier s'attribuant la qualité d'ancien secrétaire d'Alexandre Dumas père. C'était lui qui dégageait les bijoux et, d'accord avec Ostanik, en opérait le brisement, puis vendait les diamants, les pierres précieuses à des marchands juifs, et les montures à des fondeurs. Ils réalisèrent ainsi, du mois de janvier au mois de mars 1873, la somme de 50,000 francs. Une rivière en diamants, achetée 70,000 francs, fut revendue le jour même 10,000 francs à un Israélite allemand qui poussait Ostanik à se procurer des bijoux, afin de les lui acheter à vil prix.

Ostanik, pour mieux tromper ses fournisseurs, leur parlait de son père qu'il disait immensément riche ; il les a aussi entretenu de sa sœur, mariée à un haut dignitaire de l'empire turc; et surtout de sa fiancée, jeune Portugaise plusieurs fois millionnaire. Il poussa même l'audace jusqu'à montrer à ses créanciers son futur beau-père, un vieillard gaga, aux allures distinguées, qu'il avait le soin de laisser dormir au fond de sa voiture.

On sait déjà que son père exerçait l'état de relieur, que sa mère était sans ressources, et qu'il n'avait pas de sœur. Quant à sa fiancée, il la dépeignait avec passion, en y mêlant la couleur orientale qu'il possédait à un très haut degré. Elle n'était point fictive, comme sa sœur, et son odyssée, que nous raconterons plus loin, serait digne de figurer parmi les contes des *Mille et une Nuits.*

Ostanik faillit réaliser ce rêve, qui devait payer ses dettes, le rendre riche et heureux. Mais l'impatience d'un créancier le perdit. Tout ce qu'il avait si habilement échafaudé s'effondra subitement.

Avec le produit de ses manœuvres frauduleuses, Ostanik menait grand train : il habitait au Grand-Hôtel, où sa dépense quotidienne était de 100 francs, le déjeuner compris. Il ne dînait que dans les restaurants à la mode, et lorsqu'il avait des invités, il soldait la dépense avec des bijoux. Dans sa voiture louée 1,000 francs par mois, il se rendait aux Champs-Elysées, au bois de Boulogne les jours où il savait y rencontrer la jeune fille qu'il voulait épouser. Celle-ci, en costume d'amazone noir, montait un cheval turc à robe blanche, et avait pour cavalier servant son tuteur, un richissime Portugais.

Entouré de luxe, porteur du titre de prince der Marcariantz, il put facilement étendre ses relations dans le monde des lettres, des sciences et des arts. Aux uns, il sut emprunter de l'argent, et près des autres il gagnait de la considération. C'est ainsi qu'il fit partie de deux cercles : celui de la Société des Agriculteurs de France, présidé par M. Drouyn de Lhuys, et celui de la Société centrale d'Agriculture dirigé par M. Lecouteux.

Ostanik s'était mis en rapport avec divers rédacteurs de journaux tels que *le Temps*, *les Débats*, *la Liberté*, *le Bien public*. MM. E. de Girardin, le vicomte de la Guéronnière, L. Ulbach, de Molinari, H. Vrignault devinrent ses amis. Ce dernier sollicita même pour lui la croix de la Légion d'honneur.

Voici un extrait des principaux journaux parus au mois d'octobre 1872.

Le journal *la Presse* s'exprime ainsi sur le compte d'Ostanik :

Parmi les excellentes institutions que l'on doit à l'émulation du progrès, il en est une qui se distingue autant par les titres éminents de ses membres que par le salutaire but qu'ils poursuivent : il s'agit de la Société centrale d'Agriculture de France, qui est, comme on la qualifie, l'Académie des sciences agricoles. Ses statuts limitent à vingt personnes le nombre des membres associés étrangers des divers États. Cependant elle ne compte que neuf représentants de cette catégorie en ce moment, et le monde scientifique et l'Académie agricole ont eu le malheur de perdre le baron Liebig.

Une convocation spéciale ayant été faite dans la séance d'hier, le choix s'est porté sur M. Ostanick der Marcariantz, qui a conquis, en France, les lettres de grande naturalisation par les plus incontestables services, c'est-à-dire le savoir et la philanthropie. Sorti lauréat, avec le premier numéro, de notre grande École de Grignon, il a pris rang dans la science économique par ses publications. Aussi la Société a conféré unanimement le titre de membre associé à M. Ostanick der Marcariantz. Un de ses parrains était M. Drouyn de Lhuys, cet homme d'Etat qui, comme on le sait, marche depuis longtemps à la tête des progrès agricoles.

C'est en ces termes que le secrétaire perpétuel, au nom de la Société, a annoncé à M. der Marcariantz l'honneur qu'elle lui conférait :

« Je m'empresse d'ajouter que la Société centrale d'Agriculture de France a voulu avoir en vous, qui avez reçu votre instruction agricole à l'Ecole d'agriculture de Grignon et vous êtes fait connaître par d'intéressantes communications du Levant, un confrère qui pût contribuer à développer les relations de l'agriculture française avec l'agriculture de la Turquie en général, et de l'Arménie en particulier. La Société est convaincue que vous lui donnerez une collaboration active, et je suis heureux d'avoir à vous transmettre l'expression de sa pensée. »

Le *Bien Public* ajoute les lignes suivantes à l'article des *Débats* :

M. Ostanick der Marcariantz, le brillant élève de l'Ecole de Grignon, d'où il est sorti premier avec un diplôme attestant l'étendue de ses connaissances, et qui a su conquérir parmi nous tant et de si vives sympathies, vient d'être élu membre associé étranger de notre Société centrale d'Agriculture. C'est une distinction aussi flatteuse que bien méritée, et la plus haute qu'un corps savant français puisse accorder à un étranger.

Nous applaudissons doublement à cette élection, qui fait l'honneur à la Société centrale d'Agriculture de France et à l'homme distingué qui vient d'être reçu parmi ses membres.

Voici ce que nous lisons, à ce sujet, dans le *Journal des Débats* :

La Société centrale d'Agriculture de France est une véritable Académie des sciences agricoles. Comme l'Institut, elle se divise en sections et n'a qu'un nombre limité de membres, choisis parmi les illustrations de l'agriculture

MM. Boussingault, Chevreul, Dumas, Léonce de Lavergne, de Kergorlay, Drouyn de Lhuys, marquis de Vogüé, de Béhague, Bella, etc., en font partie.

Enfin elle peut aussi conférer le titre d'associé étranger aux hommes qui honorent le plus la science agricole et économique chez les différents peuples. Le nombre de ces associés étrangers peut être porté jusqu'à vingt. Mais la Société n'en compte aujourd'hui que neuf. Le baron Liebig, dont nous annoncions dernièrement la mort et qui a laissé un nom si populaire, était associé étranger de la Société centrale d'Agriculture de France.

Depuis dix-sept ans, aucun titre de ce genre n'avait été conféré. La Société a fait cet honneur, dans sa séance du 14 mai, à M. Ostanick der Marcariantz, lauréat de notre première Ecole d'agriculture de Grignon, que recommandaient tout à la fois d'honorables patronages, de brillants succès et quelques travaux publiés avec éclat. M. O der Maracriantz comptait au nombre de ses parrains M. Drouyn de Lhuys, ancien ministre des affaires étrangères.

Son besoin de publicité lui suggéra l'idée de conduire aux magasins de la Belle Jardinière trente des orphelins d'Alsace et de Lorraine, qu'il fit habiller des pieds à la tête. Cet acte de générosité lui valut une lettre de remerciements de M. le marquis de Gouvelle, député, et président d ucomité de patronage des dits orphelins.

Cette lettre officielle, portant la date du 7 octobre 1872, permit à Ostanik de rédiger à sa façon plusieurs articles élogieux, qui furent insérés dans les journaux à fort tirage.

Devenu lauréat de l'Ecole d'agriculture de Grignon, il ne confia pas à d'autre qu'à lui-même le soin délicat de faire son propre panégyrique, tiré à un grand nombre d'exemplaires, dont il fit un large distribution à ses anciens professeurs et à ses amis.

Par orgueil, par ambition, il voulut étendre sa

courte célébrité, en livrant son portrait au journal l'*Orient illustré*. A la première page, on vit en effet figurer l'image *Ostanik der Marcariantz*, suivie de son autobiographie que voici :

La presse française et anglaise s'est beaucoup occupée depuis un an de M. Ostanick der Marcariantz. Son renom, dont l'écho revient flatteur au pays qui l'a vu naître, nous inspire l'idée d'offrir à nos abonnés son portrait et la biographie de celui qui a conquis une haute position scientifique dans l'Occident.

M. Ostanick der Marcariantz est né dans l'Arménie turque, à Van, d'une famille qui jouit d'une légitime considération. Il manifesta, dès sa plus tendre enfance, une inclination pour l'étude. Son premier pas permit d'entrevoir l'avenir : il eut le premier prix dans sa langue maternelle.

Heureux témoin de ses dispositions, sa famille l'envoie à Constantinople, où il se distingue dans ses nouvelles études ; au milieu de divers succès il y obtient encore le premier prix de sa langue. Après avoir parcouru rapidement le cercle de l'instruction indigène, il se rend en 1865 à Paris, ce foyer incomparable de l'intelligence.

Il fait ses classes au collège Rollin, en tenant toujours les premiers rangs, notamment dans les sciences et les littératures latine et française. Ses succès attirent l'attention du regrettable Agathon effendi, le premier ministre chrétien qui soit entré dans les conseils du Divan, grâce au libéralisme de notre sultan réformateur.

Le ministre dont nous venons de parler, trop vite enlevé à sa féconde mission, jaloux de procurer à l'agriculture ottomane les instruments de sa régénération, engagea son jeune et intelligent compatriote à entrer à la célèbre Ecole de Grignon. L'homme éminent qui donnait ce conseil, Agathon effendi, avait pu d'autant mieux apprécier les avantages de cette instruction qu'il en avait lui-même suivi les cours, d'où il avait retiré la meilleure part de son savoir.

Cependant au temps d'Agathon effendi, Grignon n'avait pas pris les développements qui font sa gloire aujourd'hui : les études n'avaient pas le degré de force auquel elles se sont élevées depuis ; et l'Ecole ne pouvait conférer le titre d'*ingénieur agricole*. Grâce aux perfectionnements introduits, elle est devenue une grande institution de progrès, et jouit en Europe d'une incontestable autorité.

Le programme, chargé de matières nouvelles, revu et augmenté, n'a pas effrayé notre laborieux compatriote, destiné à justifier l'espérance qu'avait placée sur lui son protecteur et ami.

Peu de temps après, un examen faisait entrer M. O. der Marcariantz le Sixième sur un grand nombre de concurrents, mais ce rang déjà inespéré pour un étranger ne lui a pas suffi, ce n'était qu'une station pour s'élancer plus loin.

Consumé de l'émulation de la science, durant trois années, dans des examens mensuels, tantôt le champion de la Turquie occupe le haut de l'échelle, parfois se le voit enlevé avec des alternatives qui le cantonnent toujours dans les premières places.

Enfin s'ouvre la dernière année des luttes et des épreuves décisives. Dominé par l'ambition de sortir le premier, en face de concurrents non moins ardents et capables que lui, notre compatriote ne recule pas devant le travail le plus ardu dans le meilleur emploi de ses facultés.

A ses succès partiels, répétés, on eût pu pressentir

la victoire finale qui devait les couronner : elle avait pour prélude des mentions honorables et des lettres de félicitations du ministre, qu'il est d'usage d'afficher au tableau.

Dans ces nobles lices pacifiques, l'émulation n'est pas seulement individuelle, elle devient en quelque sorte nationale. Chacun prend partie pour les siens, dans ce tournoi, comme au temps des passes d'armes de la chevalerie. Les ligues s'organisent : c'est l'Occident contre l'Orient.

Le grand concours solennel commence ; durant trente jours consécutifs, douze jurys différents, composés des notabilités de la science, examinent les candidats.

Chacun des rivaux (on n'en compte pas moins de deux cents) déploie tout ce que de fortes études donnent de ressources et de savoir. Il s'agit d'avoir la Médaille d'Or et la distinction du Lauréat, en d'autres termes, le premier prix.

Enfin l'Orient triomphe, M. O. der Marcariantz est proclamé le premier du concours par le ministre, au milieu des applaudissements de l'illustre assistance.

La surprise a été d'autant plus grande qu'aucun étranger n'avait pu obtenir, dans une école de cette importance, un prix qui marque une destinée.

M. O. der Marcariantz a clos de la sorte des études économiques, agricoles et administratives : il ne s'en est pas tenu là. Etudiant tout ce qui se rattache à l'empire ottoman, il a recherché le meilleur moyen d'utiliser ses immenses ressources.

C'est pourquoi il a fait un travail qui, accueilli avec une grande faveur par le *Journal des Débats*, a valu à son auteur l'attention et les éloges de la presse française et étrangère.

Après des démonstrations pratiques et l'hommage rendu aux vues de S. M. le sultan, après avoir rappelé l'initiative intelligence prise par Midhat et Khalif-Chérif pachas, il laisse éclater son dévouement à la Turquie, dans les paroles suivantes :

« En esquissant ici le programme des réformes à « faire dans l'administration turque, nous n'avons « pas le dessein de porter atteinte au crédit de « l'empire ottoman, au moment même où il se débat « contre de sérieuses difficultés financières, pour « exécuter de grandes entreprises d'intérêt public.

« Nous confondons dans un égal amour la Turquie « qui nous a vu naître et la France où nous avons « reçu l'instruction. Mais, dominé par le sentiment « des nécessités de l'heure présente et le vif désir « d'être utile à notre pays d'origine, nous osons « élever la voix pour crier courage à l'homme qui « nous semble avoir la puissance et la volonté de le « sauver. »

L'accueil fait par tous les journaux à un travail qui, présentant la Turquie sous une face nouvelle, appelait sur elle la confiance ébranlée du capital, ne devait pas se borner à un vain retentissement de l'amour-propre d'un publiciste satisfait.

Le monde savant, ayant pour interprète la Société centrale d'Agriculture de France, qui est l'Académie des sciences agricoles et économiques, devait se sentir attiré vers l'écrivain qui possède si bien l'état économique de son pays.

Ce corps savant, composé de cinquante-deux membres, réunit les plus hautes sommités de la science : il suffit de citer, entre autres, les noms de MM. Boussingault, Chevreul, du célèbre chimiste Dumas, ancien ministre sénateur, de MM. Drouyn de Lhuys, ancien membre du conseil privé de l'empire et ministre des affaires étrangères pendant la guerre de

Crimée, qui a eu la clairvoyance de l'homme d'Etat, au moyen de laquelle la France eût été sauvée si Napoléon en eût profité. Nommons encore M. le marquis de Vogüé, père de l'ambassadeur de France à Constantinople, le comte de Kergolay, Pasteur, Elie de Beaumont, les grands agronomes Bella et Lecouteux, etc., etc.,

Cette Société, limitée à cinquante-deux membres français, peut s'adjoindre vingt étrangers pris dans l'éminence du savoir.

Le baron Liebig, le renommé savant allemand, représentait plus particulièrement la science exotique, la mort venait de priver l'Académie de ses lumières et de son concours.

Cette place vide provoque chez M. O. der Marcariantz une ambition qui semble téméraire : mais le titre qui peut l'obtenir, c'est un travail d'une véritable valeur; tel est l'indispensable talisman sans lequel on n'entre pas, un étranger surtout. Aussi notre compatriote, le comprenant, présente une étude relative à l'histoire naturelle de l'Asie Mineure. Frappée des qualités et des révélations de cet écrit, l'Académie agricole l'adopte, en votant à l'unanimité son inscrtion dans ses Annales.

C'est sous de tels auspices, et avec des parrains comme M. Drouyn de Lhuys, etc, que l'ancien lauréat de Grignon, présenté au choix de la Société après les longues formalités et les examens prescrits, a eu l'honneur de réunir toutes les voix.

Depuis dix-sept ans aucune élection n'avait fait surgir un étranger, aucun Oriental n'a été honoré d'une pareille distinction. Jamais encore la porte de la Société ne s'était ouverte pour l'admission d'un membre si jeune ; le moins âgé de ceux qui la composent a cinquante ans. Aussi, le jour de la séance solennelle, présidée par M. le ministre de l'agriculture et du commerce, tous les regards se portaient avec une flatteuse sympathie sur le nouveau titulaire, qui prenait place, pour la première fois parmi ses éminents collègues.

Quand le secrétaire perpétuel a annoncé cette nouvelle nomination, le public a répondu par de longs applaudissements.

En songeant que M. O. der Marcariantz n'a que vingt-huit ans, l'épilogue de cette biographie ne saurait mieux être caractérisée que par ces vers de Corneille :

> ....chez les âmes bien nées,
> La valeur n'attend pas le nombre des années.

Ostanik n'avait pas ménagé ses louanges ; il se considérait déjà, au point de vue de l'agriculture, comme le futur « flambeau de l'Orient » ; il ne cachait pas d'ailleurs ses prétentions au ministère des progrès agricoles de l'empire ottoman ; ses études spéciales et ses succès à l'Ecole de Grignon semblaient justifier ses dires.

Après s'être donné comme un fils de famille, l'ex-petit mendiant cherchait à devenir un homme d'Etat.

Lorsque Nubar pacha, pendant son séjour à Paris, agréait les visites d'Ostanik, celui-ci fit la connaissance de sa concierge, la veuve Bourmeu, âgée de soixante-cinq ans, et à laquelle il emprunta de l'argent.

C'est ici que commence la partie romanesque de l'histoire d'Ostanik.

Cette veuve Bourmeu était en relations suivies avec une nommée Lucy, caméristo de Mlle Eva, jeune Portugaise âgée de vingt ans, orpheline et riche héritière. Sa dot dépassait dix millions.

Son tuteur, M. de Yelviro, occupait avec elle, non loin de l'Arc de Triomphe, un hôtel important où régnait la *confusion*. Maîtres et domestiques agissaient chacun selon leurs fantaisies, et ce fut la police de sûreté qui mit un peu d'ordre dans ce beau désordre.

A l'insu de M. Yelviro, tuteur encore moins prévoyant que celui du « Barbier de Séville », la veuve Bourmeu, proxénète d'un nouveau genre, et la fille Lucy, servirent d'intermédiaires entre la demoiselle Eva et le jeune Arménien que l'on appelait le « prince der Marcariantz ». Il venait soupirer et rêver sous les fenêtres de la jeune fille, et celle-ci levait un coin de rideau pour voir le noble étranger.

Bientôt il fut convenu que les jeunes gens se rencontreraient dans les allées du bois de Boulogne. Puis une correspondance s'engagea, par l'entremise de la femme de chambre, dont les services agréables étaient largement rétribués.

Ostanik écrivait des lettres passionnées où son style imagé comparait sa nouvelle amie à « l'Etoile d'or brillant au firmament de son existence ».

Ces lettres, rédigées sur du papier détourné

par la veuve Bourmeu sur la table de travail de Nubar pacha, portaient comme en-tête : « Cabinet de Son Altesse le Khédive d'Egypte ». Elles séduisirent Mlle Eva, coquette, ardente, romanesque et volontaire, bien plus encore que la personne même d'Ostanik, dont les avantages physiques étaient complètement nuls.

Les Arméniens sont généralement de beaux hommes. Mais l'amoureux de Mlle Eva était loin de ressembler à ses compatriotes. De chétive apparence, le visage irrégulier, le teint olivâtre, le front développé, fuyant vers les angles supérieurs, les yeux ronds de lapin russe, les cheveux crêpus, les moustache et la mouche noires, la voix monocorde, tel était l'ensemble de ce personnage qui, malgré ses prétentions à l'élégance, laissait entrevoir des manières communes.

Ostanik s'entendit avec la caméristo, et tous les deux préparèrent le simulacre d'un enlèvement auquel Mlle Eva se prêta de très bonne grâce ; elle en était même ravie. Sa trop grande liberté lui pesant, un doux esclavage lui apparaissait comme un bonheur inconnu. Elle n'allait donc plus commander ! Et cette autoritaire sans expérience se réjouissait, croyant enfin avoir trouvé un maître auquel il serait doux d'obéir. C'était, pour ses idées fantasques, sa folle imagination, le prélude d'un roman vécu devant finir par des fiançailles princières, à la manière des peuples d'Orient.

Cet enlèvement, qui masquait en réalité un départ volontaire, eut donc lieu sans force ni violence ; les deux amoureux partirent nuitamment par le train express, à Bruxelles, où devait provisoirement les unir un prêtre arménien à la dévotion d'Ostanik.

Les fugitifs descendirent rue de la Madeleine, dans un petit appartement retenu à l'avance par la veuve Bourmeu.

Ce local se composait : d'une entrée, d'un salon sans tapis, ni plantes, ni peintures, d'une chambre à coucher composée de deux lits garnis de vieux rideaux et d'ancien meubles ; le tout formait un ensemble qui n'avait rien de galant. Le cadre manquait déjà au tableau promis par le faux prince, et la première impression de la jeune Portugaise, habituée à tous les luxes, fut un sentiment de défiance à l'égard de son séducteur. Sa surprise augmenta encore quand, pour éviter les indiscrétions, Ostanik lui donna pour femme de chambre l'ancienne concierge de Nubar pacha. Si, chez son tuteur, Mlle Eva avait tout à profusion, si elle agissait en maîtresse impérieuse, si enfin ses moindres désirs étaient exécutés, il en fut autrement en Belgique ; son rêve d'une vie nouvelle, remplie de saveurs inconnues, et qu'Ostanik lui avait laissé entrevoir comme dans un songe étincelant de fleurs et de pierreries, disparut complètement. Elle se réveilla désenchantée, au bout de huit jours d'un tête-à-tête de l'essence, assure-t-on, la plus pure, car Mlle Eva serait restée absolument vertueuse et Marcariantz le plus chaste des Sigisbées. Puis, la parodie du mariage oriental, toujours retardée, ne se fit pas, par suite de l'absence prolongée du prêtre arménien.

Elle écrivit à son tuteur de venir la chercher, attendu, disait-elle, qu'elle n'avait point succombé, et qu'au besoin elle saurait le prouver.

Ce fut le commencement de la débâcle des espérances d'Ostanik. Cependant il ne perdit pas courage et résolut quand même de donner suite à son union. Son crédit s'épuisait à Paris, et pour se créer de nouvelles ressources il partit pour Vienne, Berlin, Constantinople. Mais son principal créancier, M. Brunswik, ayant pris peur, se renseigna auprès du personnel de l'ambassade turque. Là, on n'hésita pas à qualifier Ostanik d'étrange chevalier d'industrie, vivant d'une manière très large et dans l'impossibilité d'indiquer la nature de ses ressources. On ajouta même que, malgré ses nombreuses instances, les salons de l'ambassadeur lui avaient été interdits.

M. Brunswik suivit alors le faux prince et le

fit arrêter comme un simple filou, au moment où il revenait à Paris pour demander, cette fois, d'une façon régulière la main de Mlle Eva.

Nous avons déjà signalé la confusion qui existait dans l'hôtel de M. de Yelviro. Le moment est venu de justifier ce mot, en soulevant un coin du voile qui masque les mœurs de cette valetaille du grand monde qu'on appelle « gens de maison ».

L'argent mal acquis, semé par l'escroc Marcariantz, fit découvrir deux entremetteuses, des voleurs et leurs complices.

En recherchant les bijoux offerts par Ostanik à Mlle Eva et à sa caméristé, on découvrit dans la pièce occupée par celle-ci une quantité considérable d'objets de toutes sortes et de grande valeur, tels que : vaiselle plate, couverts d'argent, monnaies anciennes, dentelles, objets d'art, coffrets chinois et ouvrages en mosaïque. Mais ce fut bien autre chose lorsqu'on apprit que la fille Lucy, d'accord avec ses congénères et des concierges, avait, dans des chambres de domestiques de plusieurs maisons de la rue de Galilée, opéré des dépôts d'effets, de fourrures, de linge, auxquels se joignaient des provisions de parfums, de liqueurs, de vins fins, de thé, de sucre et de bougies provenant de l'hôtel de M. de Yelviro, le tout estimé par lui 40,000 francs.

Ces objets étaient mis dans des caisses ficelées

et prêtes à être expédiées à Londres, pays d'origine de la fille Lucy. C'est là qu'elle avait l'intention de se fixer aussitôt après le mariage de sa maîtresse avec Ostanik. Le produit de ses détournements et ses économies, environ 70,000 francs, lui auraient permis de se rendre libre et de vivre à sa guise.

Le verdict de la Cour d'assises de la Seine dérangea ses projets d'indépendance en la condamnant à dix années de réclusion.

Parmi les objets encombrant la chambre où couchait la fille Lucy, on trouva dans un coffret en bois de rose, de forme oblongue, le soi-disant costume de mariée arménienne offert par Ostanik à Mlle Eva.

La robe, à longues manches, en étoffe voyante, était garnie de soie ; la ceinture, de couleur bleue azur, s'agrafait par une boucle en vermeil ; la couronne était tressée avec des fils d'or, et ceux-ci tombaient jusqu'à terre ; les babouches, striées par de légers fils d'argent, s'émaillaient de pierreries : rubis, saphirs, émeraudes, turquoises et améthistes. Le futur n'avait pas oublié la chaînette d'or qui devait réunir sa chevelure crêpue avec celle de Mlle Eva, et qui sert, selon le rite arménien, de touchant emblème du destin de la femme, lié indissolublement à celui de l'époux de son choix.

On voit qu'Ostanik voulait donner à sa victime l'illusion complète de la sultane amoureuse sinon d'un prince de sang royal, tout au moins d'un seigneur de haut rang.

Ce costume paraissait d'ailleurs avoir été *dévirginé.* Il avait été emporté à Bruxelles et placé entre les deux lits de la chambre occupée en commun par les fugitifs.

Cette précaution fit croire au tuteur de la jeune fille que sa pupille n'avait été qu'imprudente. Néanmoins, il dut invoquer le concours de la science médicale afin de prouver que le voyage et le séjour en Belgique avaient été simplement platoniques.

Abstraction faite de la partie vertueuse de cette histoire, Ostanik est allé, comme une épave parisienne, s'échouer sur les bancs de la police correctionnelle, sous l'inculpation d'escroquerie, plus facile à démontrer que l'innocence de Mlle Eva qu'il compromit afin de l'épouser; pensant que la dot qu'il convoitait le mettrait à même de solder ses créanciers.

Il fallut deux audiences pour le juger : celles des 2, 3, février 1874, présidées par M. Millet.

Après l'audition de ses anciens fournisseurs, ce fut le tour des témoins à décharge parmi lesquels figurait, en première ligne, M. enri Vrignault, l'ami de M. Thiers, et directeur du journal *Le Bien*

Public, qui avait reçu la somme de 3,000 francs en paiement d'articles favorables au prince d'Arménie.

M. Millet lui posa cette question :

M. LE PRÉSIDENT. - Est-ce que vous n'avez pas essayé de faire décorer le prévenu?

LE TÉMOIN. — En effet, monsieur le président, mais je demande à donner à ce sujet quelques explications.

M. Vrignault explique qu'il a cru que Markariantz était chargé par le gouvernement ottoman de faire des études agricoles; il paraissait destiné à des fonctions en Turquie; c'est à ce titre que le témoin l'a signalé à M. Duclerc, puis à M. Thiers, alors Président de la République; du reste, ajoute-t-il, la démarche n'aurait pu avoir de résultats qu'après renseignements pris à l'ambassade.

M. LE PRÉSIDENT. — Enfin, ce n'est pas moins une grande légèreté, et il est fort heureux qu'il n'ait pas été décoré, car voyez quelle prise cela donnerait aujourd'hui à la malignité publique.

La malignité publique en a vu bien d'autres, depuis l'année 1874, où l'on commençait déjà à trafiquer la croix d'honneur.

Ostanik répondit avec beaucoup d'assurance, de sang-froid et d'habileté aux charges qui pesaient sur lui. Il conclut que ses rêves ambitieux l'avaient mis dans l'obligation de contracter des dettes, et que les fautes commises par lui ne pouvaient être qualifiées d'escroqueries.

M. l'avocat de la République Campenon, ce

magistrat intègre, trop tôt disparu, a, dans un langage clair, ordonné, précis, soutenu la prévention en insistant sur la nécessité de châtier sévèrement ces étrangers qui, à l'aide de manœuvres frauduleuses, exploitent le commerce français.

Me Pourtalès, le défenseur d'Ostanik, répliqua fort spirituellement « que la conscience varie selon les latitudes; que son client avait partiqué des emprunts... à la turque... Ce sont des emprunts ottomans; on emprunte à nouveau, pour payer les coupons précédents »; qu'en résumé, « qui doit à terme, ne doit rien ; et que ce qui est qualifié en France d'escroquerie passe pour de l'habileté en Arménie ». Il termina en citant cette maxime des Orientaux, devenue célèbre : « Le mal n'est pas de mal faire, c'est celui de se laisser prendre ».

Le tribunal se montra peu touché d'une pareille argumentation, et condamna Ostanik der Marcariantz à cinq années de prison, maximum fixé par la loi, et que la Cour d'appel confirma ensuite.

Nous reproduisons ce jugement. Il en vaut la peine.

Le voici :

Attendu qu'il résulte de l'instruction et des débats qu'Ostanik Meszophian der Markariantz, fils d'un relieur de Van, dans l'Arménie turque, patronné par Nubar pacha, son bienfaiteur, s'est fait passer à l'Ecole de Grignon, tant vis-à-vis de maîtres que vis-à-vis de ses condisciples, comme le fils d'une opulente famille arménienne.

Que, pour donner crédit à ses affirmations, il disait au directeur de l'école que sa famille lui faisait une pension de 50,000 fr., montrait aux élèves des plans de six mille hectares de terre qu'il possédait en Arménie ; ceux de quatre mille hectares de terre qu'il possédait près de Constantinople, et leur exhibait un chronomètre sur le boitier duquel il avait fait graver les armoiries des anciens souverains de l'Arménie.

Que der Markariantz, reçu le premier au concours de Grignon, le 15 août 1872, voulant prendre à Paris l'importance sociale qu'il s'était attribuée à Grignon, a loué un appartement sis au premier, dans le Grand-Hôtel, une calèche à deux chevaux, un domestique arménien, s'y est fait passer pour prince et, à l'aide de cette position imaginaire, a cherché à se faire dans Paris la situation de publiciste étranger, au moyen de laquelle il pût obtenir du Divan la fonction à Constantinople de directeur de l'agriculture, y créer des écoles perfectionnées, fonder des établissements de crédit et ouvrir en Turquie des expositions universelles ;

Que, secondé dans ses projets par des notabilités de la presse politique et agricole, et par l'artifice d'une publicité organisée par ses soins, tant à Constantinople qu'à Alexandrie, à Smyrne et à Bucharest, der Markariantz a tenté sans succès d'obtenir du Divan la position supérieure qu'il avait ambitionnée ;

Que, mettant à profit le crédit considérable qu'il s'était fait, à Paris, par ces fausses apparences et par ces manœuvres, se prétendant en outre le mandataire d'un riche Arménien de Londres, et celui de son opulente famille d'Arménie, il a réussi, au moyen de ce crédit imaginaire, à se faire remettre :

345,000 fr. de joyaux par Brunswich :
86,500 fr. par Dumoret ;
150,000 fr. par Bapst ;
150,000 fr. par Peake ;
30,000 fr. par Hirschler ;
1,200 fr. par la veuve Maubourg ;
4,000 fr. en obligations d'Orléans par Boireau,

non compris les joyaux achetés par lui à l'exposition de Vienne, à Haukock, joaillier du prince de Galles, ni les vases japonais d'une valeur de 50,000 fr. et le service d'argenterie de 20,000 fr. qu'il avait commandé en vue d'un mariage hypothétique.

Qu'empruntant au Mont-de-Piété des sommes importantes par la mise en gage de ces joyaux, il obtenait encore de l'argent par leur revente faite soit par lui, soit par les soins de Hirschler ;

Attendu que sur l'ensemble de ces achats frauduleux et de ces emprunts der Markariantz n'a pu rembourser à ses vendeurs qu'une somme d'environ 200,000 fr ;

Qu'il en résulte qu'à l'aide de ces manœuvres frauduleuses, tendant à se créer un crédit imaginaire ainsi que la fausse qualité de prince, et de fausses apparences qu'il s'était données, Ostanick der Markiantz a escroqué partie de la fortune de Brunswich, de Dumoret de Bapst, de Peake, de Hirschler, de Boireau,

Délit prévu et puni par l'article 405 du Code pénal,

Lui faisant application de cet article, le condamne en cinq années d'emprisonnement, 3,000 fr. d'amende ;

Fixe à deux années la contrainte par corps, s'il y a lieu de l'exercer ;

Et le condamne en outre aux dépens.

Markariantz est resté impassible pendant la lecture de l'arrêt.

Il y a eu bien des personnalités, politiques, scientifiques et littéraires, mêlées à l'éphémère splendeur d'Ostanik ; elles ont reçu de lui de l'argent, des bijoux, des cadeaux ; mais leur rôle, pour être inconscient, doit rester enseveli dans le silence.

Pour le psychologue, c'était une curieuse étude que l'état d'âme de cet Ostanik, qui avait fini par se prendre au sérieux. Ses succès à l'Ecole de d'agriculture de Grignon, l'avaient grisé : il a cru à sa noblesse, comme à son opulence. Il a plus vécu par le cerveau que par le cœur, et l'enquête a fixé l'absence complète de femme dans son existence mouvementée et fastueuse. Toute son énergie était concentrée vers l'unique but qu'il convoitait, et, sans la vivacité de son principal créancier, il aurait, comme beaucoup d'autres aux mêmes appétits que lui, payé ses dettes par le mariage. Alors, riche, heureux, la police et la justice n'auraient rien eu à démêler avec lui. Sa mauvaise étoile, sous la forme d'un bijoutier, le perdit.

Quant ce véritable intellectuel s'est vu couvert de la livrée des réclusionnaires, la figure rasée, les cheveux tondus, coupés en échelle, condamné à un travail manuel, au milieu de bandits, et dans le silence le plus absolu, il n'a pu survivre à son désastre. L'exemple de son voisin d'atelier Gabriel Hugelmann, tondu, rasé comme lui, aurait dû lui donner le courage de supporter cette situation provisoire très pénible assurément. Hugelmann travaillait à la confection des abat-jour; il avait même avec son activité et son esprit d'observation trouvé le moyen de perfectionner cette matière ingrate et de dépasser de moitié la production de ses codétenus. Markariantz n'eut point la douce philosophie d'Hugelmann, et le chagrin, devenu son unique compagnon, l'a tué, car la fièvre typhoïde l'emporta le 30 mai 1875, à la prison centrale de Poissy.

La croix placée sur sa fosse portait cette simple mention :

« MESZOPHIAN-OSTANIK »

Le lendemain de son inhumation, des manœuvres de chantage commencèrent au sujet des lettres écrites par Mlle Eva au faux prince arménien. Mais la police s'étant emparée de ces lettres, les rendit à son tuteur, avec des portraits et plusieurs mèches de cheveux. Puis, cette fois, tout rentra dans l'ordre, d'autant plus que la riche Portugaise, malgré sa fugue, peut-être innocente, ne manquait pas de prétendants ; ils affluèrent même, surtout parmi les princes, les ducs, les marquis authentiques toujours à la recherche d'une fortune solide et qui vendent leurs noms titrés comme dernière ressource. Cela explique, sans les commenter, bien des sacrifices. Je pourrais les citer et dire qu'ils avaient, comme Ostanik, de bien grosses factures à solder chez les bijoutiers à la mode.

L'un de ces chercheurs de dots s'est marié depuis avec une étrangère fille unique d'un marchand d'engrais possesseur d'une fortune immense. Cette alliance lui valut une série de mécomptes et d'étonnements pénibles, car rien n'est plus funeste que de se dépayser et de prendre une épouse en dehors du milieu où l'on vit. Il en fit la cruelle expérience : son union désastreuse aboutit au divorce, et il a pu, ensuite, contempler les photographies audacieuses de son ex-femme aux devantures des marchands d'estampes de la rue de Rivoli. Elle avait complaisamment posé de face, de profil, de trois quarts, debout, assise, couchée, demi-nue, en simple maillot, et, au-dessous des portraits, on lisait son titre de noblesse.

CHAPITRE X

Tscherniadieff

Le 10 juin 1880, M. le comte et Mme la com tesse de Tscherniadieff donnaient une fête champêtre dans leur villa de Clarens, située à trois kilomètres de Vevey. Le programme annonçait que la première partie, réservée au public, commencerait à cinq heures par un grand concert. En effet, à l'heure dite, un orchestre composé de 50 musiciens, sous la direction de M. Herfuth, exécuta les morceaux suivants :

Ouverture de *Guillaume Tell*, Rossini.
Mignon, d'Ambroise Thomas.
La Vie pour le Tzar, Glinka.
Fantaisie sur *Faust*, Gounod.
Le *Trouvère*, Verdi.
Robert le Diable, Meyerbeer.
Comaicuskaja, airs russes, Glinkan.

Sérénade, Gounod.
Rêverie du vieux temps.
Danses hongroises, Brahms.
Valses, Blanc, Donau et Cagliestro, *Wien et Bleitt*, Strauss.
Cloches de Corneville.
Sérénade, Métra.
Etc., Herfurth.

Le concert terminé, les auditeurs se retirèrent, et le parc fut fermé.

A sept heures, le bateau à vapeur qui était allé chercher, pour le dîner, les personnalités étrangères en villégiature sur les bords du lac de Genève fut salué à son retour de 21 coups de canon auxquels répondit la batterie du bateau.

Lorsque le repas fut achevé, dix marrons à double détonation, dix fusées volantes et deux bombes de couleur ont annoncé le feu d'artifice, dont voici les principales figures :

Premier coup de feu : TROIS CASCADES FIXES, précédées de disque lumineux en feux de lances de couleurs variées, à trois étages de feux, aux gerbes en feux chinois et détonations.

Deuxième coup de feu : LA COMÈTE, grande pièce à nombreux effets de feu, avec un grand tableau final représentant une comète météorique.

Troisième coup de feu : LA SALAMANDRE ou le serpent et le papillon. L'effet de cette pièce était de représenter un serpent aux plus vives couleurs bondissant à la poursuite d'un papillon qu'il ne peut atteindre ; le tout entouré de roues de feu et de rosaces de couleur.

Quatrième coup de feu : Une DÉCORATION représentant les armoiries du comte de Tscherniadieff, surmontées de sa couronne au milieu de palmes, de lauriers et feux de lances de couleur.

Enfin, pour terminer, le GRAND BOUQUET comprenait :

Neuf cent fusées volantes, deux cents de couleur, cinq bombes à pluie d'or, cinq à pluie d'argent, treize à traînée d'argent, seize de couleurs variées.

Les journaux suisses dépeignirent cette fête avec force détails, décrivant surtout le chalet dont les nombreuses bordures avaient été dessinées par l'illumination de plus de cinq mille verres de couleurs variées. Ils n'oublièrent pas les massifs de verdure garnis de ballons, de lanternes vénitiennes, et terminèrent en mentionnant que ce merveilleux décor avait été rendu lumineux par les embrasements successifs de flammes de Bengale, rouges et vertes.

Ces mêmes feuilles prodiguaient leurs éloges au comte et à la comtesse Tscherniadieff, qu'elles représentaient comme les plus opulents terriens de Saint-Pétersbourg et dont les réceptions, selon lenrs expressions, surpassaient en magnificence les modèles du genre.

Le comte était l'artis e *di primo cartello* possédant une rare collection d'armes et d'objets d'art ; c'était le boyard accompli, avec la richesse d'un Nabab. Aussi, pour le 30 août, jour anniversaire de la naissance de l'empereur de Russie, préparait-il une nouvelle fête qui devait être de beaucoup supérieure à la première.

Malgré ces réclames suivies d'éblouissantes pièces d'artifice, où figuraient au « quatrième coup de feu » les fameuses armoiries de la famille des Tscherniadieff, le chef de la police locale eut des doutes sur l'identité de ce fastueux personnage. Invité aux réjouissances du 10 juin, il s'abstint d'y assister. Le comte lui en ayant témoigné son mécontentement sur un ton assez vif, le policier lut alors à son interlocuteur une lettre qu'il avait reçue de Naples et dans laquelle le noble couple était simplement qualifié d'*escrocs de haut vol.*

Tscherniadieff ne broncha pas ; il examina le papier et le rejeta en disant :

— Ne voyez là qu'une vengeance anonyme de mon ancien secrétaire que j'ai dû chasser à la suite de nombreuses indélicatesses ; je reconnais son style sous l'écriture déguisée. Il n'ignore pas cependant que mes titres sont authentiques, que je suis propriétaire de mines d'or en Sibérie, de sources de pétrole au Caucase, et d'immenses forêts sur différents points de l'empire moscovite. Ma fortune dépasse 60 millions ce qui me permet de donner des fêtes de 40,000 francs. Vous viendrez à celle que je donnerai le 30 août ; elle sera féerique et réunira toutes les sommités politiques, scientifiques, littéraires russes et françaises. A cette époque, M. Gambetta doit séjourner à Clarens ; j'irai l'inviter avec la famille Arnaud, chez laquelle il passe ses vacances. L'acteur Coquelin récitera une pièce de vers que j'ai composée en l'honneur du président de la Chambre des députés. Pour des raisons politiques, je suis obligé avant cette future fête de me rendre à Paris ; voici de la part de la comtesse la somme de 1,000 francs, destinée à secourir les malheureux. Vous remettrez 500 francs aux pauvres de Clarens ; 400 francs à ceux de Vevey, et 100 francs à l'œuvre charitable « la Crèche ». Il ne faut pas, dit-il, en quittant le chef de la police, oublier les indigents.

Les Tscherniadieff quittèrent Clarens ; le comte se dirigea vers Paris et la comtesse prit la direction de Berlin.

A Paris, il descendit d'abord dans les hôtels du boulevard des Italiens, de la rue de Rivoli, et finit par louer successivement des appartements meublés : rue de la Paix, rue Pasquier et boulevard Malesherbes. Là, il menait un train de vie somptueux, sans jamais solder aucun de ses fournisseurs. Ses dépenses journalières se chiffraient en moyenne à 2,000 francs. Le matin, on le voyait au bois de Boulogne, conduisant un superbe attelage ; l'après-midi il allait rendre visite aux hommes politiques. J'entre, disait-il, chez les ministres comme chez moi. Le soir, il fréquentait les théâtres à femmes.

Au milieu de ce troupeau de filles, exhibées sur les planches, il choisissait, de préférence, les statues de chair, qui s'offrent, avec une facilité dégoûtante, au plus fort enchérisseur. Il les parait de bijoux impayés, qu'il avait la précaution de reprendre une fois sa fantaisie passée. A une cabotine de spectacle-concert, il offrit un collier de perles d'une valeur de 20,000 francs, à la condition qu'elle le mettrait le soir même sur la scène, où elle représentait Hygée, déesse de la santé.

Quelques jours, après, il lui redemandait cette parure, en disant que sa sœur avait beaucoup admiré le collier, porté par une aussi belle personne, et qu'elle désirait en posséder un pareil. L'actrice eut la naïveté de le croire ; elle s'en dessaisit, et ce fut le Mont-de-Piété qui en devint le fidèle gardien.

Tscherniadieff ne cessait de parler de la superbe fête qu'il allait donner à Charens. Pour mieux agrandir son crédit, il colportait, avec intention, la liste de ses invités de distinction russes et français. Très admirateur de Gambetta, dont le nom était placé le premier, il faisait figurer après ceux du comte Glinska, des princes de Reuss, Troubetzkoy, Gortschakoff, du général Kloutchine ; puis venaient pêle-mêle, comme jetées au hazard, les célébrités françaises de tous les genres, telles que Arsène Houssaye, Claretie, Aurélien Scholl, Hector Malot, Clésinger, Charcot, A. Vulpian, Herold, Andrieux, Magnin, A. Christophle, A. Vitu, Bastien Lepage, Love, Nazar-Agha, A Stevens, Sarcey, prince Galitzin, comte de Solms, prince Maurice de Hanovre, Viollet-Leduc, Falguières; le baron A. de Rothschild, H. Durrieu, de Soubeyran, Burat, Constant, de Freycinet, Denfert-Rochereau, Bischoffsheim, comte Braniki, Courbouleix, J. Ferry, Cazot, Éram-Bey, Challemel-Lacour, Wilson, E. Haritoff, général Farre, de Lesseps, Duhamel, général Grévy.

Le chef de police de sûreté parisienne remit la copie de cette liste à M. Andrieux. Ce spirituel préfet de police sourit finement, et dit à son subordonné :

— Vous arrivez trop tard... Voici l'original de cette pièce, où mon nom, comme vous l'avez vu, se trouve en excellente compagnie ; car il est entouré d'artistes, d'écrivains, de banquiers, de médecins et d'hommes politiques non dépourvus de *valeurs*, surtout parmi les financiers. Cet impudent n'a pas osé y joindre le nom du président de la République ; celui de son frère, le général Grévy, lui suffit. Mais mon futur amphitryon oublie qu'il n'a pas d'état civil reconnu. Avant que je réponde à sa politesse vous allez le convier à visiter la prison de Mazas et le Palais de Justice. Il faut en finir avec ce chevalier d'industrie, qui paraît et disparaît en laissant toujours derrière lui de nombreuses dupes.

— Nous n'avons en réalité contre lui, répondit le chef de la sûreté, qu'un jugement de la 8e chambre du tribunal correctionnel de la Seine en date du 29 novembre 1877, le condamnant, par défaut, à deux ans de prison pour abus de confiance.

— Vous connaissez le personnage ?

— Certainement : le 8 juillet 1877, il était le pensionnaire de la maison Gillet, avenue de Neuilly, où, sur ordonnance de M. Delahaye, juge d'instruction, j'ai opéré plusieurs perquisitions dans son logement et celui de sa maîtresse. C'était à la suite de plaintes adressées au Parquet par Mme de Nahimoff. Tscherniadieff, par une série de manœuvres frauduleuses, s'était emparé de 4,000 francs de bijoux appartenant à cette étrangère. La saisie de papiers, lettres, cartes, notes, a fait l'objet de scellés encore présents au greffe correctionnel. Ce rastaquouère s'intitulait alors

« Directeur des pensions de l'impératrice de Russie ». Il se montrait avec une fille qu'il présentait, selon les circonstances, pour sa fiancée, sa femme, sa sœur, sa nièce ou sa cousine, et qui n'était autre que sa complice. Les cartes de visite de cette aventurière étaient ornées d'une couronne comtale, au-dessous de laquelle on lisait : « Marie de Tscherniadieff, comtesse de Dziengielewska ».

J'ai eu le temps d'analyser ce couple de coquins.

L'homme, grand, solide, a les allures communes; il est âgé d'une trentaine d'années et serait né à Irkoutsk vers 1857 ; sa face est vulgaire, son regard vague, ses cheveux châtains sont, tantôt relevés, tantôt baissés sur un front fuyant. Il a d'assez fortes moustaches, qui dissimulent sa bouche et l'épaisseur de ses lèvres. Les mains larges, grosses, laissent voir aux doigts annulaires des bagues en or armoriées. Ce sont, sans doute, les armes qui figuraient dans la pièce d'artifice, tirée à Clarens et qui formaient le « quatrième coup de feu ». A sa boutonnière fleurit la rosette multicolore : signe distinctif des gens non décorés.

La femme disait avoir vingt-deux ans ; être née à Varsovie et vivre de ses rentes. Elle a les cheveux rougeâtres, coupés courts et tombant sur le front. Le teint est pâle ; la lèvre inférieure incline vers le menton. Les yeux sont expressifs; tout l'ensemble de la physionomie offre un certain charme » A cette époque elle se faisait passer pour la sœur de Tscherniadieff.

Des photographies me les ont montrées en tenue de gala. Le faux comte avait endossé l'uniforme d'un général Boum-Boum quelconque, chargé de chamarrures et de croix étrangères. La fausse comtesse s'était affublée d'un costume mi-russe, mi-polonais, et leurs accoutrements cosmopolites n'appartenaient, comme eux, à aucun pays.

Ces deux sans-patrie, suspects à tous les points de vue, jouent leur rôle avec assurance.

La soi-disant comtesse serait actuellement à Vienne, quant à Tscherniadieff, il se trouve à Paris, où leurs fournisseurs, jusqu'ici, n'ont fait que les encourager à la dépense.

— L'arrestation de cet aventurier les fera réfléchir.

— Demain, ce malfaiteur, sera écroué au Dépôt.

Le 26 juin 1880, l'inspecteur principal Alizan arrêta Tscherniadieff, qui était encore au lit, et sans chemise. Assis auprès de lui, un jeune homme prenait des notes.

— Si nous étions en Angleterre, s'écria le condamné par défaut, vous n'attenteriez pas ainsi à ma liberté individuelle, car j'aurais le droit de vous jeter par la fenêtre... Mes dettes ne regardent personne ; j'en ai contracté près d'un million en Europe. On connaît ma fortune.., elle est incalculable... incalculable, entendez-vous ? Je viens encore d'hériter de 750,000 roubles... Mes dettes... mes dettes... C'est mon plaisir de les accumuler, et j'éprouve une véritable jouissance à payer mes créanciers par *paquets et d'un seul coup.*

Le fonctionnaire de la police lui répondit froidement :

— Laissons là, je vous prie, vos créanciers qui sont étrangers à l'objet de ma visite matinale. Comme nous sommes en France, il est inutile de mettre en avant l'Angleterre, et mon passage par une croisée. Soumettez-vous donc aux lois du pays où vous est ouvert un crédit aussi large ; évitez le bruit et le scandale, en venant tranquillement au cabinet de mon chef.

Ce qu'avait prévu M. Andrieux se précisa. Tscherniadieff était à peine détenu que des réclamations sérieuses lui arrivèrent de tous côtés. Couturiers, lingères, modistes, joailliers, fourreurs, fleuristes, marchands de chevaux, carrossiers, envoyèrent d'importantes factures restées en souffrance et accompagnées de lettres outrageantes à l'adresse du comte Tcherniadieff.

Si les femmes honnêtes sont indulgentes pour

les mauvais sujets, la plupart des filles galantes ont de coupables faiblesses pour les beaux malfaiteurs. Elles éprouvent un plaisir secret à braver tous les genres de péril, afin de sauver, parmi leurs amants, celui qui a leur préférence. La fausse comtesse était au nombre de ces femelles. Lorsqu'elle apprit l'incarcération de son mâle, elle s'empressa de quitter l'Autriche pour venir à Paris, et, par sa dextérité à donner des acomptes, elle ferma la bouche aux réclamants. A chacun d'eux elle remit une certaine somme, dont la totalité s'éleva à 25,000 francs. Puis elle attendit que son bien-aimé sortît de prison.

Comment cette femme, constamment en voyage, avait-elle pu, d'une manière aussi rapide, se procurer cet argent ?

A la date du 14 juillet 1880, le journal *la Gazette des Tribunaux* mentionne ceci :

Le personnage dont on a beaucoup parlé dans ces derniers temps, et qui est connu sous le nom de comte de Tschernaidief, a comparu aujourd'hui pour voir statuer sur l'opposition par lui formée à un jugement d'il y a plusieurs années qui l'avait condamné à deux ans de prison.

Voici en quelques mots les débats de l'affaire.

M. LE PRÉSIDENT. — Quelle est votre profession ?

LE PRÉVENU. — Je fais d'ordinaire du commerce, le commerce des thés et des fourrures ; aujourd'hui je ne fais rien.

M. LE PRÉSIDENT. — Vous avez formé opposition à

un jugement par défaut qui vous a condamné pour escroquerie. Vous connaissez Mme Daïmoff.

LE PRÉVENU. — Oui, monsieur.

M. LE PRÉSIDENT. — Vous étiez lié avec elle?

LE PRÉVENU. — Oui, je la connaissais beaucoup.

M. LE PRÉSIDENT. — A ce moment, vous n'aviez aucune occupation ?

LE PRÉVENU. — Non, je ne faisais rien.

M. LE PRÉSIDENT. — Vous apposiez des timbres sur les lettres que vous écriviez. On y voit : « Commission, » etc. ?

LE PRÉVENU. — Je dis que je ne faisais rien, je veux parler de ces derniers temps ; mais en 1877 j'exerçais une profession.

M. LE PRÉSIDENT. — On a trouvé chez vous en ce moment une photographie où vous portiez un costume militaire.

LE PRÉVENU. — J'étais curateur d'un gymnase.

M. LE PRÉSIDENT. — Vous avez porté la croix de Saint-Stanislas.

LE PRÉVENU. — Non, c'est la croix du Caucase. C'est une croix qu'on a quand on veut payer tant par an.

M. LE PRÉSIDENT. — Il suffit alors de payer des annuités ?

LE PRÉVENU. — Oui...

M. LE PRÉSIDENT. — Enfin... mais il s'agit d'une croix Saint-Stanislas, que vous avez louée 5 francs d'ailleurs à un marchand de décorations.

LE PRÉVENU. — J'ai loué cette croix non pour moi, mais pour M. le baron de... un de mes amis.

M. LE PRÉSIDENT. — Ce qui est incontestable, c'est qu'à un moment donné vous avez eu besoin d'argent.

LE PRÉVENU. — J'étais un peu gêné.

M. LE PRÉSIDENT. — Vous en avez demandé à Mme Daïmoff.

LE PRÉVENU. — C'est elle-même qui m'a proposé de me venir en aide.

M. LE PRÉSIDENT. — En outre, elle vous a remis une bague et une broche.

LE PRÉVENU. — Qui valaient 800 francs.

M. LE PRÉSIDENT. — Mme Daïmoff dit que ces objets valaient beaucoup plus cher. Elle ajoute que cette bague et cette broche vous ont été confiées pour les faire réparer.

LE PRÉVENU. — Non, non. Le recu que j'ai donné prouve absolument le contraire. D'alleurs, j'ai remis à Mme Daïmoff la somme qu'elle réclamait.

M. LE PRÉSIDENT. — Avez-vous le reçu ?

LE PRÉVENU. — Il est à Moscou.

Me GEORGES LACHAUD. — J'ai là, monsieur le président, 4,000 francs que je remettrai entre les mains de M. le greffier, et dont je prierai le tribunal d'ordonner le dépôt à la Caisse des dépôts et consignations.

Le tribunal, sur les conclusions conformes de M. le substitut Cruppi, a acquitté Tschernadieff. Et il lui a donné acte du dépôt qui venait d'être fait en son nom.

L'acquittement de l'accusé, sa mise en liberté, les arrangements pris par l'entremise de sa maîtresse, ne servirent qu'à le grandir encore dans l'esprit de ses créanciers. Plus fort, plus audacieux, il augmenta considérablement ses dettes ; surtout chez ses anciens fournisseurs qui, après avoir sollicité le concours de la police, la blâmèrent de son trop de zèle. Le comte Tschernadieff n'était plus pour eux ce filou suspect objet de leurs plaintes, mais bien un maniaque avide de réclame; aussi profita-t-il de leurs bonnes dispositions à son égard pour ressaisir les 25,000 francs versés par son sauveteur féminin; et avant de se réfugier à Genève, tous les deux estorquèrent sans difficulté une centaine de mille francs de plus aux naïfs commerçants parisiens.

A son arrivée en Suisse, Tscherniadieff eut l'effronterie de revendiquer les pièces saisies le 2 juillet 1877. M. le procureur de la République communiqua cette réclamation au service de la sûreté, et voici la teneur de la lettre de restitution ordonnée par le Parquet :

Paris, 5 août 1880.

Monsieur,

Je vous fais expédier, aujourd'hui, par petite vitesse et sans frais, un colis renfermant vos papiers, timbres, cartes et lettres ; deux scellés sont restés au greffe : ils contiennent des photographies obscènes.

Veuillez etc.

Il y avait, dans les pièces réclamées, des renseignements qui auraient pu, après une enquête minutieuse, établir les relations des Tscherniadieff avec une bande de faussaires. Dans les lettres écrites en langues étrangères, il était question de plusieurs achats de presses, et de la recherche d'un filigraniste ayant, autrefois, travaillé à la confection des billets de la Banque de France.

De 1877 à 1880 circulaient de faux billets russes. Au service de la sûreté, on a toujours eu la conviction, mais sans jamais pouvoir l'établir, que Tscherniadieff et sa maîtresse s'employaient à les écouler. Cela expliquerait comment et pourquoi la fausse comtesse était arrivée aussi rapidement au secours de son amant.

La police municipale, à cette époque, manquait d'unité; les relations avec les pays étrangers étaient longues, difficiles, coûteuses. On attendit.

Lorsque parvinrent les rapports concernant l'escroc, lesquels avaient été recueillis officieusement à Naples, Genève, Berlin et Vienne, capitales qu'il exploitait ordinairement, ils firent connaître que Tscherniadieff, juif polonais circoncis, s'appelait Krakowski, qu'il était le fils d'Israélites dépourvus de fortune et même de situation. Ancien conducteur de traineaux, il avait été déporté en Sibérie, où il avait embrassé la religion grecque, ce qui lui aurait, presque aussitôt, facilité son évasion du bagne.

Une fois libre, il prit le nom de Tscherniadieff et se livra à la contrebande des thés et des fourrures. Enfin, il se métamorphosa en Nabab pétersbourgeois, pour mieux tirer parti de la crédulité de ses semblables.

Le 20 décembre 1880, Tscherniadieff fut encore, à Paris, condamné par défaut à treize mois de prison et 8,000 francs de dommages-intérêts. M. Bliard, négociant, fit saisir dans les écuries de son débiteur, rue de Vienne, n° 2 :

1° Une jument ordinaire, sous poil bai brun, âgée de cinq à six ans ;

2° Une jument sous poil noir ;

3° Deux chevaux noirs ;

4° Un cheval de nuit sous poil noir, âgé de cinq à six ans ;

5° Une victoria ;

6° Un phaéton, un cabriolet.

Au mépris de cette saisie, l'escroc fit enlever et vendre chevaux et voitures.

Toujours en route, toujours condamné par contumace, son habileté consistait, une fois pris, à faire désintéresser en partie ses créanciers par l'intermédiaire de sa maîtresse. Les désistements se produisaient aussitôt.

Ce truc lui a souvent réussi.

A Vienne, cependant, il subit deux années de réclusion aux travaux forcés, et c'est en prison qu'il termina son existence aventureuse.

Nous venons de rappeler les odyssées d'Ostanik der Marcariantz et de Tscherniadieff. Tous deux ont appartenu, momentanément, à ce qu'en argot de boulevard on appelle le « Tout-Paris ». L'un et l'autre, reçus dans les cercles connus, se sont servis des mêmes moyens de publicité pour se créer des ressources, agir et vivre en grands seigneurs. Mais quel contraste entre ces deux hommes !

Le petit vagabond arménien consacre sa jeunesse au travail sérieux, tandis que le cocher moscovite emploie la sienne au plaisir. Dans la vie d'Ostanik il n'apparaît qu'une femme, et cette femme, qui semble partager son amour ambitieux, devient la cause de sa perte.

Tout au contraire sont les mœurs de Tscherniadieff : il tire profit des filles galantes et, malgré ses débauches, sa maîtresse attitrée le sauve de l'adversité.

Le principal créancier d'Ostanik le prive de sa liberté. La plupart de ceux de Tscherniadieff le font sortir de Mazas.

Ces deux coureurs de grands chemins, à l'origine des plus humbles, sont devenus des fripons d'une hardiesse peu commune pour aboutir à la même fin. Mais tous deux, avant d'endosser la tenue des réclusionnaires, ont eu leur petite apothéose.

Ostanik der Marcariantz, grisé par ses succès à l'Ecole de Grignon, s'intitule « le Guide, le Flambeau de l'Orient », et le public l'acclame.

Tscherniadieff, beaucoup moins instruit qu'Ostanik, se sert, au lieu de plume, de la pyrotechnie;

il pousse l'audace jusqu' à faire resplendir son blason de faux grand seigneur au-dessus du lac de Genève, et la foule applaudit.

Le « 4e coup de feu », d'où sortit, dans la soirée du 20 juin 1880, cette pièce d'artifice, n'a pas montré sous son véritable aspect les armoiries du locataire de la villa Clarens, car il aurait dû surgir de la couronne centrale lumineuse une collection de fouets, véritables armes parlantes et claquantes du cocher-forçat Krakowski, dit comte de Tscherniadieff.

CHAPITRE XI

Faux billets d'Etats

L'intermédiaire Bourbon dit Bourbaud

Troncin-Dumersan, le jour de son arrestation, a déclaré que de 1864 à 1874 il avait mis en circulation pour plus de 200,000 francs de valeurs fausses, ce qui ne l'a pas empêché, en 1872, d'obtenir la croix de chevalier de la Légion d'honneur. Ses faux billets ont avec lui disparu, sans quoi il porterait peut-être la rosette d'officier.

A notre époque, qui n'appelle-t-on pas faussaire ? Cette qualification qu'on adresse même à des commandeurs, en devenant à la mode, finit par détruire le sens principal de sa signification. Si l'ancien faussaire était regardé comme un criminel, on considère celui moderne comme un faiseur habile, parce qu'il sait échapper au châtiment.

Dans notre féodalité financière, les falsifications d'écritures, les virements servent à masquer les opérations frauduleuses et les déficits aussi courants que les comptes de la plupart des sociétés de crédit où les faux pullulent sous l'apparence de transactions commerciales et industrielles régulières. Les faux billets à ordre circulent de plus en plus. Les banquiers les préfèrent aux autres, ceux-là restant rarement impayés.

Il y a tant de faussaires laissés en liberté malgré leurs aveux, qu'on finira par ne plus les poursuivre.

La justice, il faut le reconnaître, reste encore sévère pour les fabricateurs des faux billets de la Banque de France. De leur côté, les gouverneurs successivement placés à la tête de cette importante institution n'ont négligé aucun effort, reculé devant aucune dépense afin d'arriver à la découverte des faussaires. Ils se font puissamment aider par la préfecture de police, dont les délégués élèvent à la hauteur d'un devoir public le soin d'assurer la défense de cette monnaie fiduciaire. Sur la demande du gouverneur, le préfet met à sa disposition les meilleurs agents du service de la sûreté, et quelques-uns, comme Mélin et Gaillarde, ont, dans cette chasse spéciale de malfaiteurs, déployé beaucoup d'ingéniosité et de courage.

Le fait suivant en fournira la preuve.

On voulait surprendre en flagrant délit une association de faussaires. Mélin n'hésita point à se laisser choir, au milieu de l'atelier, en plein travail de fabrication, au moment même où le commissaire de police et les agents dirigés par Gaillarde enfonçaient les portes. L'apparition de cet aérolithe humain, et les portes simultanément brisées, jetèrent une telle épouvante parmi les criminels qu'ils en restèrent pétrifiés. L'atelier était pourtant agencé de façon à pouvoir, en cas d'alerte, faciliter non seulement la fuite du personnel, mais encore la destruction des pièces accusatrices, au moyen du feu et des acides.

Les perquisitions opérées aux domiciles des faussaires firent découvrir un second matériel de fabrication.

Pour mener à bonne fin ces sortes de recherches, qui exigent du soin, de la méthode, de la patience, les commissaires de police s'entourent d'auxiliaires expérimentés. Ceux-ci, sous les yeux des magistrats, examinent très minutieusement tous les objets garnissant le domicile des inculpés. Aucun détail, même en apparence le plus minime, n'est négligeable ; car on a souvent constaté que des boîtes de sinapismes, des irrigateurs, des intérieurs de pendules, recélaient de faux billets. Sous la reliure et au dos de certains livres il a été trouvé des coupures contrefaites du billet de 50 francs. Dans des albums photographiques, entre les portraits, j'ai saisi des calques, des vignettes de valeurs fausses, et les cigarettes d'origine étrangère, espagnoles surtout, servent de cachettes précieuses aux émissionnaires de faux billets d'Etats. Les glaces, les tableaux, doivent être retournés, et par des sondages, habilement pratiqués sur les murs et sur le sol, des engins utiles aux contrefacteurs ont été mis à découvert. Il ne faut pas non plus hésiter à soulever toutes les lames d'un parquet, lorsqu'elles paraissent récemment clouées.

Les perquisitions sérieuses amènent toujours d'excellents résultats et simplifient le travail de la justice.

Mélin et Gaillarde, avant d'être mis à la retraite, ont dressé de jeunes inspecteurs à ce genre de recherches ; et ceux-ci à leur tour sont passés maîtres. La police de sûreté continue cette tradition pratique.

Mélin, en récompense des services qu'il a rendus à la Banque de France, figure aujourd'hui au nombre de son personnel. Il porte les insignes de la Légion d'honneur. Quant à Gaillarde, titulaire d'une médaille d'or honorablement gagnée par une série d'actes de courage et de dévouement, il s'est retiré à la campagne à son retour de la Havane, où il était allé se saisir de Michel Eyraud, l'assassin de l'huissier Gouffé.

Ce que j'ai déjà dit pour l'inspecteur principal Orion, je le repète pour ses collègues Mélin, Gaillarde et beaucoup d'autres bons serviteurs : la préfecture de police a tort de se priver d'auxiliaires aussi précieux et capables d'occuper longtemps encore des postes acquis par des succès sans cesse renouvelés. A notre époque, des ministres s'improvisent, tandis que dix années suffisent à peine aux inspecteurs intelligents pour accomplir dans la diversité de leur service les difficiles, délicates et dangereuses missions qui leur incombent.

Voici l'histoire, très succincte, des faux billets français :

Dès l'origine de la loi promulguée le 14 avril 1803, qui confère à la Banque de France le privilège exclusif d'émettre des billets à vue et au porteur, on vit apparaître leurs contrefaçons.

Au mois d'octobre 1803, le tribunal criminel spécial du département de la Seine condamna douze individus, associés pour une entreprise de faux billets de 500 et de 1,000 francs, à six années de fer et à la flétrissure de la marque.

Le même tribunal condamna, le mois suivant,

à sept années de fer quatre contrefacteurs du billet de 500 francs.

De 1812 à 1813, plusieurs billets faux de 500 et de 1,000 francs furent émis dans des maisons de jeux par le nommé Alais, auquel on infligea la détention perpétuelle.

Colard, marchand de tableaux, arrêté le 21 septembre 1823 pour une contrefaçon habilement exécutée du billet de 1,000 francs, fut condamné à la peine de mort le 30 décembre. La terrible sentence porta ses fruits, car de 1823 à 1848 aucun autre billet faux n'apparut.

Aujourd'hui, le contrefacteur n'est passible que des travaux forcés à perpétuité.

Après la création du billet de 100 francs, qui familiarisa le public à l'usage de la monnaie fiduciaire, surgit un plus grand nombre de contrefacteurs, surtout pendant et à suite des événements de 1870-1871, qui obligèrent la Banque de France à mettre en circulation des coupons de 5, 20 et 25 francs. Du 29 février 1872 au mois d'août 1881, les cours d'assises françaises condamnèrent 115 imitateurs du papier-monnaie de la Banque.

Le dernier frappé par la justice fut Pâris, un cultivateur de Cléry (Somme), pris en flagrant délit de fabrication de faux billets de 50 et de 100 francs. Il s'entendit condamner, le 13 juillet 1881, aux travaux forcés.

La plus belle imitation du billet de 100 francs fut l'œuvre de Giraud, dit de Gâtebourse. Ce personnage, très expert en chimie et en mécanique, reproducteur de gravures d'une grande finesse, après avoir eu l'audace d'offrir ses services à la Banque même, mit en circulation, de 1853 à 1865, 1,603 billets de 100 francs et 144 de 200 francs, formant un total de 189,100 francs.

Le 15 avril 1862, la Cour d'assises de la Seine le condamna aux travaux forcés. Il s'évada de Cayenne.

M. Maxime du Camp, dans son *Histoire de Paris*, tome II, page 316, raconte ainsi son épouvantable fin :

« Giraud essaya de fuir vers les possessions hollandaises en compagnie de Poncet, qui devait monter plus tard sur l'échafaud. Il ne put suivre son jeune et alerte camarade ; englué dans les vases du rivage, il ne parvint pas à s'en tirer et mourut, mangé vivant par les crabes. »

A son tour, M. Labourieu, — l'auteur des *Mémoires* parus sous la signature *de M. Claude* — écrit tome III, page 210 :

« Poncet et Gâtebourse tuent le gardien placé sur un pont limitant leur pénitencier. Ils s'aventurent dans les savanes ; ils sont arrêtés par une barrière de feu. Après avoir erré sur les sables brûlants, ils sont aux prises avec des fauves, des araignées-crabes, monstres velus gros comme des œufs de poule, dont les pattes ont six pouces de long. Elles courent sur eux, en gardant, comme les monstres des Hespérides, les forêts de la savane. Pour les franchir, ils n'ont qu'un seul moyen : y mettre le feu.

Ils marchent devant l'incendie en s'y brûlant les pieds, comme ils avaient marché sur le sable brûlant. Quand ils croient parvenir au bout de leur voyage, meurtris, aveuglés, Gâtebourse épuisé tombe sur le sable ; il succombe. Poncet s'affaisse à côté de lui : il ne meurt pas. Il est repris par un gardien. Toujours adroit, il ne se désigne que par le numéro qu'il porte.

Gâtebourse mort est seul accusé de meurtre du gardien tué sur le pont. »

Eh bien ! la mort de Giraud dit Gâtebourse est plus légendaire qu'authentique, et les récits qui précédent ont été extraits de notes laissées par Barthélemy Poncet, âgé de vingt-huit ans, qui, le 5 octobre 1865, assassina pour le voler l'octogénaire Thomas Lavergne, en promenade sur la lisière du bois d'Orgemont, commune d'Argenteuil. Ce bandit fut exécuté à Versailles vers la fin du mois de janvier 1866. C'était un repris de justice qui, en 1863, subissait à Cayenne une peine de huit années pour vol et émission de fausse monnaie. C'était là qu'il avait fait la connaissance de Giraud. Tous deux étudièrent avec d'autres détenus un plan d'évasion générale, et chacun devait reprendre sa liberté d'action aussitôt la sortie du pénitencier. Giraud parvint à s'évader, et comme il ne fut jamais retrouvé, on le considéra « mort dans les bois », ce qui, en terme administratif, signifie qu'on manque de ses nouvelles. La fuite de Poncet est postérieure à celle de Giraud ; mais ce cabotin du crime, voulant exciter la curiosité publique, rédigea des notes sur Cayenne, où la vérité et le mensonge se trouvent confondus. Giraud a donc pu, comme beaucoup d'autres fuyards, reconquérir sa liberté, et reprendre en pays étranger son ancienne profession de graveur. Il a même été question de lui dans cette colossale association de faussaires qui va mettre en scène le héros de ce chapitre « l'Intermédiaire » Bourbon dit Bourbaud, que l'on peut classer parmi les beaux aventuriers de génie.

Les premières tentatives de cette bande pour la fabrication, l'exportation et l'importation de fausses valeurs remontent à 1850. Les capitalistes qui la commanditaient furent d'abord de riches exilés polonais. Ils voulaient combattre la Russie, leur cruelle ennemie, en la frappant au cœur par des émissions intermittentes de faux billets de 5, 8, 10, 25 et 50 roubles fabriqués avec une telle perfection qu'il était difficile d'en reconnaître la fausseté. Il fallait avoir recours à des spécialistes pour découvrir la fraude, car le tort des falsificateurs, des artistes sans doute, était d'avoir voulu mieux faire les faux billets que les vrais. C'est ainsi que ces vaincus politiques créèrent des ressources aux révolutionnaires qui travaillaient au rétablissement de l'indépendance de la Pologne. En même temps ils discréditaient le papier-monnaie de la Banque russe. A ces meneurs criminels, agissant, affirmaient-ils, dans un but patriotique, se joignirent ensuite des aventuriers de toutes les nations, de tous les cultes, qui, sous prétexte de servir également la cause polonaise, n'avaient en réalité d'autre intérêt que l'argent, d'autre mobile que la cupidité. Jusqu'en 1862 on ne constata que des actes isolés ; mais les années suivantes l'organisation de cette association cosmopolite devint si puissante qu'elle répandit à profusion sur les marchés de l'Europe de nombreux faux billets d'Etats où ceux de la Banque russe dominaient particulièrement. Ces incalculables faux roubles mis en circulation jetèrent une telle panique dans les affaires commerciales de la Russie qu'ils faillirent sérieusement compromettre le crédit de cette valeur.

Le gouvernement russe, désireux d'en finir avec ces malfaiteurs, chargea M. de Kamensky, conseiller d'Etat, de centraliser les recherches relatives à la fabrication de ce faux papier-monnaie et de s'entendre avec les autorités compétentes des pays intéressés à l'arrestation des faussaires et des émissionnaires, qui avaient pris la ville de Londres comme point central de leurs réunions. M. de Kamensky parvint à découvrir en Russie même plusieurs fabriques de faux billets de la Banque russe, ce qui amena des poursuites contre les émissionnaires financiers juifs réfugiés à Zurich, Copenhague, Dresde, Berlin, Kœnisberg, Cracovie, Rome, Bruxelles, Posen et à Constantinople.

Si à Paris, Lyon, Marseille, Bordeaux, Rouen, le Havre, les banquiers et les changeurs constatèrent le passage dans leurs caisses de faux billets russes, allemands, autrichiens, anglais, italiens, espagnols, ils n'en découvrirent aucun français. L'arrestation de Giraud avait suspendu ce genre de fabrication. Cependant, comme à l'Hôtel de Ville, au Trésor et dans les compagnies de chemins de fer apparaissaient parfois des titres de rente falsifiés, provenant de l'Angleterre et de l'Allemagne, la sûreté générale prit ses mesures, d'accord avec M. de Kamensky, pour arrêter aux villes frontières et dans les ports de mer les émissionnaires de faux papiers de crédit destinés à être introduits en France.

La première opération commença au mois d'août

1865. M. Claude, chef de la sûreté, reçut de Londres un avis l'informant que deux juifs polonais, Estermann et Posmanski, étaient partis pour Paris porteurs d'une quantité considérable de faux roubles et qu'ils devaient se rencontrer avec des affiliés à la cascade du bois de Boulogne. L'avis se complétait par le signalement des étrangers.

Des surveillances furent établies à l'endroit indiqué, afin de saisir au complet ces malfaiteurs.

Le 15 août, à sept heures du matin, les inspecteurs Mélin, Raviart Colliaux et Petit virent arriver et se promener, autour des rochers de la cascade, Estermann et Posmanski vêtus d'effets très amples, sous lesquels ils semblaient dissimuler de volumineux paquets. Vingt minutes s'écoulèrent sans qu'une parole fût prononcée par ces deux hommes, qui, lassés d'attendre, pénétrèrent dans l'établissement voisin de la cascade et se firent servir du chocolat. Ils quittèrent le café, parcoururent le bois en connaisseurs, gagnèrent l'Arc de Triomphe, traversèrent la place de la Concorde, s'engagèrent rue de Rivoli et entrèrent à l'hôtel du Palais-Royal, où M. Ducheylard, commissaire de police, averti par un courrier, les arrêta après avoir saisi des coupures de 5 roubles représentant la valeur de 40,000 francs. Les mêmes agents arrêtèrent ensuite leurs émissionnaires, nommés : Gluck, Marcus, Plotter, dans différentes maisons meublés de la rue du Faubourg-Saint-Antoine. Ils avaient abandonné le bois de Boulogne, lieu habituel de leurs rendez-vous, pour le bois de Vincennes, plus à l'abri des regards indiscrets des policiers.

Au mois de juin 1866, la Cour d'assises de la Seine les condamna chacun à six années de réclusion.

Cette capture importante, communiquée à M. de Kamensky, lui permit de faire opérer des perquisitions à Londres, à Hambourg et à Genève. Toutes les personnes nanties de faux billets de 5 roubles, et ne pouvant fournir d'excuses légales, furent arrêtées et condamnées à des peines sévères.

L'émission de cette coupure n'ayant plus chance de réussir, les contrefacteurs en lancèrent une seconde de 10 roubles, aussi bien imitée que sa devancière, et dont la circulation se fit rapide et sans difficulté.

M. de Kamensky, très inquiet, quitta Londres et se rendit à Paris, accompagné d'un homme de confiance qu'il accrédita aux ministères des finances et de l'intérieur, à la Banque de France, au Palais de Justice et dans les Parquets où une instruction était en cours, contre les émissionnaires de faux billets d'États.

Quel était cet homme? Agé de quarante ans,

aux cheveux châtains, les yeux bruns, le front large, le regard perçant, il savait voir, et semblait avoir beaucoup vu. Assez beau garçon, d'aspect sérieux, de mise simple soignée, il variait la coupe de sa barbe selon les pays où il séjournait. Avec une extrême facilité, il parlait presque toutes les langues européennes, et sa vive intelligence, jointe à une rare promptitude d'assimilation, en faisait une nature supérieure. M. de Kamensky — sans s'expliquer d'ailleurs — le disait très au courant des manœuvres coupables de tous les membres composant le comité de l'émigration polonaise. Seulement, il ignorait son véritable nom, sa famille, sa religion et son passé.

En France, en Belgique, en Hollande, on l'appelait Bourbon dit Bourbaud. C'est sous ce dernier pseudonyme que nous allons le désigner.

Bourbaud passait avec rapidité de pays en pays, tantôt porteur de sa barbe, tantôt rasé. Dans les villes d'eaux il connaissait les habitués des cercles, des casinos, des maisons de jeux et surtout les inspecteurs chargés de la surveillance de ces divers établissements. L'or étant la seule monnaie dont il se servait pour solder ses dépenses, on ne pouvait guère le soupçonner d'émettre de faux billets d'Etats.

Généralement, l'homme a deux natures : celle qu'il cache au monde des indifférents et celle qu'il montre dans l'intimité ; mais la profession qu'il exerce a souvent une grande influence sur l'ensemble de sa physionomie. Lorsque les circonstances me mirent en présence de Bourbaud, je cherchai sans y parvenir à fixer une profession à cet individu mystérieux, connu du monde voyageur et dont personne ne pouvait indiquer ni l'origine ni les ressources. Rasé, il semblait appartenir au clergé ou au théâtre; avec sa moustache et le liséré rouge à la boutonnière, il représentait l'officier, et porteur de toute sa barbe, on aurait pu le classer parmi les commerçants ou les industriels. On ne lui connaissait aucune maîtresse attitrée. Sa grande préoccupation, son réel plaisir consistaient à livrer à la police, après une chasse silencieuse et persévérante, ceux qu'il appelait les « écoulateurs » de faux billets d'Etats. Malgré son aspect sérieux, sa joie devenait débordante lorsqu'il apprenait la condamnation des gens qu'il avait pourchassés.

De 1865 à 1871, la police française, sur les indications de Bourbaud, s'est occupée d'au moins 500 individus des deux sexes, d'origines différentes, mais surtout polonaises. Sur ses listes de surveillés ont figuré des comtes, des comtesses, des banquiers, des changeurs, des prêtres, et les frères Dombrowski, Ladislas et Théophile.

Ladislas, après une assez longue prévention à

la prison Mazas, pour complicité d'émission de faux billets de la Banque russe, fut acquitté, au mois de juillet 1870, par la Cour d'assises de la Seine. Pendant la Commune, il prit, en qualité de général, le commandement de la place de Paris. Grièvement blessé sur une barricade de Montmartre, il fut transporté à l'hôpital de Lariboisière, où il mourut le 23 mai 1871.

Quant à son frère Théophile, nommé colonel d'état-major sous le même gouvernement, il fut plus tard, à Londres où il s'était réfugié, condamné à quinze ans de travaux forcés pour émission de fausses valeurs.

Un matin, Bourbaud me fit amener le nommé Savieski, juif polonais, presque octogénaire, qui doublait sa rente viagère de 1,200 francs au moyen du système suivant : il convertissait son argent français contre de faux roubles qu'il échangeait ; ce qu'il achetait 50 francs lui rapportait 100 francs. Il vécut six années consécutives sans être inquiété, tellement les faux roubles ressemblaient aux véritables. Du reste, il agissait prudemment, car il n'opérait son trafic qu'en détail et par l'entremise d'un compatriote coreligionnaire du nom de Boldalski, courtier de commerce, et qui indiquait son domicile rue Saint-Antoine, n° 110.

Fouillé, on trouva sur Savieski deux billets de 5 roubles qu'il venait d'acheter à Boldaski, dans le square de la tour Saint-Jacques. A son logis, rue de Rivoli, la perquisition resta négative, et, au moment de l'écrouer, il tomba en syncope. Le médecin ordonna sa translation d'urgence à l'Hôtel-Dieu. Il y mourut le soir même, sans avoir repris connaissance.

— Mais pourquoi, demandai-je à Bourbaud, qui était venu connaître le résultat de la perquisition, a-t-on, sur votre demande, arrêté aussi vivement ce vieillard, dont les habitudes étaient connues, car il ne quittait sa chambre que pour aller s'asseoir sur les bancs de la place du Châtelet? On aurait dû, avant de le saisir, s'assurer de ce Boldaski, sans domicile réel, puisqu'il venait seulement prendre ses lettres chez le marchand de vins du n° 110 de la rue Saint-Antoine. Cette capture serait devenue certainement intéressante.

— Boldaski m'est utile, répondit Bourbaud. Il tenait de source précise que le vieux Savieski cachait dans son lit de fausses valeurs de la Banque russe.

— Votre indicateur, imitant d'ailleurs ses pareils, vous a trompé. C'est lui qui possède et qui écoule les faux roubles par vous recherchés.

— Qu'est-ce qui vous le fait supposer ?

— Sa manière d'agir. Il a voulu simplement vous prouver son zèle en sacrifiant Savieski.

— Vous croyez ?

— J'en suis convaincu. Depuis 1876, je note, je classe ce qui concerne cette vaste association, dite « Polonaise », au caractère peu banal, et je constate avec regret que les émissionnaires sont seuls arrêtés, tandis que les faussaires jouissent de l'impunité. Récapitulons : A Londres, en décembre 1864, il y eut Holchelster, Redrends, Dawis, Silbermans, Beyen ; à Hambourg, en juin 1865, Rosenstein, Mévowiez ; à Berlin, en mars 1866, Bergen, Kaffmann ; à Paris, en juin, juillet et août 1866, Mascaras, Liffmann, Brenus, Posmanski, Estermann, Gluck, Marcus, Plottler, Misielewiez, Rotkoski, Rosemky, Drodowski ; à Londres, de novembre en janvier 1867, Schsnenki, Skapels, Grogen et Schoumonski. Tous, ou presque tous ces individus ont été poursuivis pour émission de faux billets de la Banque de Russie, ayant cours forcé, et sachant qu'ils étaient faux.

— Cette longue nomenclature de criminels prouve que j'ai raison de les faire arrêter, puisqu'il en reste encore.

— Mais, en frappant plus haut, vous les supprimeriez.

— Les émissionnaires sont de beaucoup plus faciles à saisir que les faussaires.

— Je termine, comme vous dites, ma nomenclature. Le dernier en date, avant Savieski, est Jaffé, né à Seïme (Russie), condamné en France à six ans de réclusion, le 15 mai 1867, par la Cour d'assises du Pas-de-Calais. Ce Jaffé, le 7 septembre 1866, fut appréhendé à sa sortie du paquebot venant d'Angleterre. L'inspecteur Raviart trouva, épinglés dans la doublure de son paletot, trois billets de 5 roubles, ce qui forme, avec les deux de 5 roubles saisis sur Savieski, un total de 25 roubles, soit, au cours légal, 75 francs. Il n'y a vraiment pas lieu de se prévaloir de pareils succès.

— Vous ne comptez pour rien six ans de réclusion et un cadavre.

— Alors, c'est encore plus triste, et je suis étonné que M. de Kamensky, avec ses pouvoirs, le personnel et les fonds mis à sa disposition, n'ait point encore découvert les auteurs des faux billets d'Etats européens actuellement en cours.

— *Nos faussaires* polonais et russes ne travaillent pas de la même façon que les faussaires français ; ils changent souvent de résidence, et avant qu'un faux billet de 5, 10, 25 ou 50 roubles ne soit terminé, il a d'abord, rien que pour sa fabrication, passé entre les mains de huit à dix personnes se connaissant à peine. Ce billet falsifié devient ensuite marchandise et n'est en réalité jeté dans la circulation qu'après avoir été acheté, vendu et revendu à raison de 20, 30, 40 et même 50 0/0, prix de la valeur basée sur celle du rouble authentique. Jugez par là du nombre des affidés émetteurs et combien il est difficile de s'emparer des plus coupables ! Ainsi, on surveille depuis plusieurs années un véritable comte polonais qui, à Ostende, occupe avec sa maîtresse un chalet éloigné de toute autre habitation ; il est, en outre, propriétaire d'un bateau de plaisance, léger, très résistant, et manœuvré par son unique domestique. Sur ce bateau, il passe la plus grande partie de son existence, et l'on suppose que c'est en mer qu'il se livre à l'impression des faux billets de 25 roubles. Pendant la saison d'hiver, il voyage constamment, et lorsqu'il séjourne à Bruxelles, il va le soir place de la Monnaie, au café des Trois-Suisses, lieu de rendez-vous où les *écoulateurs* de fausses valeurs le saluent très respectueusement. L'autorité supérieure belge est tenue au courant de l'existence suspecte de ce comte, mais elle hésite à ouvrir une instruction contre lui.

— Elle est devenue prudente, à la suite d'ennuis suscités par des arrestations du genre de celle du vieux Savieski.

— Ce sont de simples malentendus.

Et sur un ton ironique il ajouta :

— Si *nos faussaires* opéraient en France, votre police en aurait eu déjà raison.

— Peut-être, répondis-je, et je crois qu'à cet égard ils ont la même intuition que vous ; car ils évitent de s'y montrer.

Et nous nous quittâmes assez froidement. Ce fut ma dernière conversation avec Bourbaud.

L'expérience a démontré que c'est surtout aux époques de troubles que les faussaires deviennent le plus actifs. Ainsi, les crimes politiques de l'Irlande, les émeutes, les insurrections polonaises, espagnoles, la guerre franco-allemande, firent surgir de nombreux contrefacteurs, et l'Espagne resta longtemps le pays d'élection, le quartier général des faux monnayeurs et des falsificateurs de papier-monnaie. Son organisation administrative et judiciaire était-elle vicieuse, ou paralysée par sa situation gouvernementale ? Il est certain que du haut en bas de son échelle sociale on trafiquait soit avec de la fausse monnaie, soit avec de fausses valeurs d'Etats étrangers. Les imitateurs de la monnaie d'or et du papier-monnaie étaient devenus si habiles dans leurs procédés d'exécution qu'à première vue il était fort difficile de distinguer le faux du vrai.

Les archives de la Banque de France sont, à ce sujet, très édifiantes, car les faux billets de fabrication espagnole forment une série, qui commence le 1er janvier 1871 par les arrestations à Barcelone, des faussaires du billet de 25 francs, et dont l'auteur principal a pu s'évader de prison le 17 juillet suivant.

A Madrid, le mois suivant, la police française

arrêta, en flagrant délit de fabrication et d'émission de faux billets de 100 francs et de 1,000 francs, onze sujets espagnols, parmi lesquels sept inculpés parvinrent à s'échapper. On voit que les prisons madrilènes étaient à cette époque assez mal gardées.

Pendant qu'à Saragosse, à Pampelune, l'inspecteur principal Mélin et ses auxilliaires cherchaient à dissoudre ces associations de malfaiteurs, faisant concurrence à celle dite « Polonaise », Bourbaud le 15 février 1871 vint trouver le gouverneur de la Banque de France, et l'informa qu'une fabrication de faux billets de 25 francs s'effectuait en Suisse, par des Polonais connus de lui. Il offrit en même temps ses services et ceux de ses agents (*sic*) pour les capturer. A l'appui de sa déclaration, il présenta le billet en question, qu'il avait pu, dit-il, se procurer à prix d'or.

Le gouverneur, M. Rouland, ancien procureur général, fut étonné de la conversation de cet homme, et surtout de la précision de ses renseignements. Sans repousser ses offres, il répondit que Mélin, attaché à la Banque, se trouvait à Grenade afin d'y suivre une affaire du même genre, et qu'il allait lui envoyer l'ordre de se mettre en rapport avec lui.

— Mélin, répliqua Bourbaud, est trop connu, sa

présence en Suisse serait nuisible aux dernières investigations, qui doivent amener un résultat favorable. Je préfère donc me passer de ce collaborateur, et j'espère sous peu vous envoyer d'excellentes nouvelles.

En effet, le 15 avril suivant, M. Rouland recevait du gouvernement suisse une lettre l'informant que, sur les réquisitions de M. Ochsenbein, secrétaire de la police genevoise, et Bourbaud, le baron de Guimps, juge d'instruction du district d'Yverdun, avait fait saisir, dans deux maisons de cette localité, un matériel considérable consistant en plaques de cuivre gravées, pierres lithographiques, jeux de lettres et de chiffres, papiers filigranés, encre, produits chimiques, machines à imprimer, ainsi que de nombreuses coupures falsifiées du billet de 25 francs de la Banque de France, prêtes à être mises en circulation. La lettre annonçait encore l'arrestation des faussaires, un ancien évêque de Cracovie du nom de Vincent Schumowsky, né en Pologne, et Marion Wickars, sa maîtresse, née à Londres.

Ce Polonais et cette Anglaise, qui possédait notamment un très beau talent de buriniste, firent des aveux. Ces aveux amenèrent la prise de Dowmond-Matuzewiez, un fabricateur de faux billets d'Etats, russes, allemands et autrichiens. La perquisition pratiquée dans son domicile, près de Soleure, fit découvrir un nouvel attirail de fabrication.

La fille Wickars conduisit ensuite M. de Guimps sur la route de Granson, et lui désigna la cachette où elle avait enfoui des plaques gravées et des faux coupons russes de 12 roubles 1/2, enlevés par elle au domicile de Dowmond-Matuzewiez.

L'enquête, poursuivie avec rapidité, révéla l'existence d'un troisième atelier, situé à Baden (Argovie), beaucoup plus important que les précédents, et placé sous la direction d'un graveur de grand mérite du nom de Malagowski. La police locale, par ordonnance de justice, se transporta chez lui et put saisir l'outillage qui avait servi à l'impression des faux billets de 100 thalers prussiens, de 10 guldens autrichiens et de 5 livres sterling anglaises. Malagowski, prévenu par des complices, disparut avec les plaques de cuivre gravées ; mais on apprit qu'il était en relations suivies avec un nommé Kubersky, employé au chemin de fer de Zurich, l'ami et l'agent de Bourbaud.

Les révélations de Schumowski, de sa maîtresse et de Dowmond-Matuzewiez établirent alors que Bourbaud et Kubersky leur avaient fourni des modèles types ayant servi à la fabrication des faux billets français, russes, autrichiens, anglais et prussiens. Que, de plus, Bourbaud corrigeait les épreuves et qu'il avait en outre installé à Bruxelles des agents, afin de jouer auprès d'eux le rôle de banquier juif prêt à acheter toutes les valeurs contrefaites et entièrement terminées.

M. de Guimps tout d'abord n'inquiéta pas Bourbaud. D'une façon fort habile, il le chargea de rechercher et d'arrêter, avec l'aide du secrétaire de la police de Genève, le graveur en fuite, Malagowski. Le juge n'ignorait point qu'à l'instigation de Bourbaud, Kuberski le cachait à Bâle. Mais dans quel but l'homme de confiance de M. de Kamensky agissait-il ainsi ? Lui, d'ordinaire avisé, circonspect, manqua de prudence à ce passage de sa vie, restée jusqu'ici mystérieuse. Son esprit pratique l'abandonna et ce rusé coquin devint maladroit ; il se découvrit par une tentative grossière d'escroquerie qui, selon ses conjectures, devait lui fournir instantanément la somme nécessaire prête à parer aux éventualités rendues possibles, car il prévoyait que les arrestations successives de ses complices et leurs révélations ne pouvaient que le compromettre sérieusement.

L'échec de sa combinaison le perdit, et voici comment :

M. Albrecht, conseiller d'Etat prussien envoyé en Suisse par son gouvernement au sujet des fausses valeurs de 100 thalers fabriquées à Baden, reçut la visite de l'agent de police Ochsenbein, qui lui présenta une note de 29,000 francs signée Bourbaud, sur l'acquit de laquelle lui seraient remises les plaques de cuivre gravées ayant servi à Malagowski pour la fabrication des faux thalers.

M. Albrecht ne repoussa pas cette offre et attendit la marchandise pour en solder le prix demandé.

Bourbaud de son côté assurait au juge que toutes les mesures étaient prises pour l'arrestation de Malagowski et que le mandat d'arrêt dont était porteur Ochsenbein serait bientôt exécuté. On était au 19 mai. Trois jours après cet agent amenait le graveur au cabinet de M. de Guimps ; mais les fameuses plaques en cuivre ne furent pas trouvées dans sa valise. Cette circonstance permit au magistrat instructeur d'établir la complicité d'Ochsenbein, de Kubersky et de Bourbaud, car Malagowski affirma que ces plaques gravées dont il était l'auteur lui avaient été soustraites par Bourbaud et Ochsenbein. Ceux-ci furent arrêtés le 10 août 1871.

Une fois Bourbaud en prison, au secret le plus absolu, les faussaires détenus complétèrent leurs déclarations, et l'on apprit que depuis l'année 1865 il était l'instigateur de presque toutes les contrefaçons des faux billets d'Etats. On eut aussi connaissance de ses relations avec ce comte polonais possesseur d'un bateau de plaisance servant de cachette aux engins de fabrication des fausses valeurs et qui, apprenant l'arrestation de Bourbaud, quitta précipitamment son chalet d'Ostende. Sa maîtresse, son domestique et lui filèrent pour une destination restée inconnue.

M. le baron de Guimps, à qui l'on doit la réussite de ces opérations, qu'il dirigea avec un art particulier, profita du séjour à Yverdun des délégués allemands, autrichiens, anglais, russes, pour les prier de l'aider à connaître à fond les machinations de Bourbaud, en projetant un peu de lumière sur son passé encore très obscur.

La Banque de France avait en qualité de représentant l'un de ses inspecteurs, M. Gilbrin, assisté de Mélin, de la sûreté parisienne. Tous se mirent à la disposition d'un juge d'instruction, aussi désireux de découvrir la vérité.

Centralisés, les renseignements recueillis sur Bourbaud établirent que ce malfaiteur servait d'abord d'« intermédiaire » entre les capitalistes et les faussaires ; puis ensuite, entre les faussaires et les émissionnaires, et enfin entre tous ces criminels et la police. Il était le trait d'union, l'âme de cette association dite « Polonaise », dont les membres en réalité se soupçonnaient bien, mais sans se connaître ni s'entendre d'une manière positive. Il savait où trouver : photographes, chimistes, dessinateurs, filigranistes, graveurs; lorsqu'il avait besoin de leurs services, et il s'arrangeait de manière à les maintenir éloignés les uns des autres. Quand il voulait se débarrasser d'un sujet qui lui inspirait de la méfiance, il le dénonçait après l'avoir prévenu de fuir au plus vite et lui glissait dans la main un rouleau d'or : le délateur était le sauveur. Ce double jeu lui ermettait de témoigner son zèle à son chef, M. de Kamensky, et en même temps de s'assurer l'impunité. Il poussait la précaution jusqu'à déposer dans les locaux abandonnés des objets compromettants que la justice s'empressait de saisir comme pièces à conviction. Lorsqu'il avait connaissance que la police d'un Etat était mise en éveil, il faisait cesser immédiatement les émissions de ses fausses valeurs. Ses principaux émissionnaires étaient des banquiers, des changeurs, des caissiers, des commissionnaires en marchandises, des marchands de tableaux, de bijoux et de bestiaux, genres de professions qui peuvent, par d'énormes roulements de fonds, faciliter l'écoulement de faux billets.

Bourbaud, tout en surveillant les faussaires, organisait, pour les détruire, de nouvelles et successives entreprises criminelles; il jetait en pâture à la police les petits ouvriers faciles à remplacer et il agissait de même avec certains émissionnaires. Les arrestations de Jaffé et de Savieski montrent combien il trahissait les faibles, pour mieux dissimuler les forts. Quant aux artistes, il les protégeait par de subits changements de résidences. Et il pratiquait tous ces agissements pour la plus odieuse des spéculations.

Ce misérable avait parfois des remords de conscience ; car, par l'entremise de Kuberski, il faisait souvent passer des secours d'argent aux personnes détenues à la suite de ses délations.

Lorsque Bourbaud dénonça l'atelier où se fabriquait la fausse coupure du billet de 25 francs de la Banque de France, il croyait qu'on allait simplement saisir le matériel et que Schumowski ainsi que sa maîtresse Marion Wickars, prévenus à temps par Kuberski, avaient pu quitter Yverdun et même la Suisse. Il fut donc très suspris d'apprendre leur arrestation. Il avait été vendu par l'agent de police de Genève Ochsenbein, qui depuis s'échappa, gagna Marseille et New-York, où, sous un faux nom connu de lui, Bourbaud plaçait ses économies. On apprit en effet que l'homme de confiance de M. de Kamensky se rendait annuellement dans la capitale des États-Unis, où il y aurait occupé Giraud dit de Gâtebourse après son évasion de Cayenne, en 1865.

A l'instar de Giraud, Bourbaud était venu offrir ses services à la Banque de France. Il suivait avec attention la diversité des procédés de fabrication employés par elle; car la lutte est constante entre les directeurs de banques et les faussaires. Il faut que l'art et la science trouvent toujours des moyens nouveaux, afin de décou rager les entreprises des imitateurs qui veulent être à la hauteur des découvertes modernes.

La nationalité de Bourbaud reste incertaine. On le croit né à La Rochelle, de parents étrangers. Mélin a prouvé que sous les noms d'Antoine Bourbon, il avait à Brest et à Toulon subi deux condamnations à dix-huit mois et à cinq ans de prison pour vols; qu'enfin, la Cour d'assises de la Seine l'avait, par contumace, condamné à dix ans de travaux forcées, pour abus de confiance à l'aide de faux. Ce qui ne l'empêcha pas, sous les auspices de M. de Kamensky, de se rendre maintes fois au Palais de Justice, dans les cabinets de MM. Bernier, Barret-du-Conder, de Gonet, Querenet et Blancart des Salines, juges d'instructions.

La Rochelle, Brest, Toulon, ports maritimes, laissent entrevoir dans les brumes de la mer cet aventurier cosmopolite qui s'est intitulé homme de lettres, avocat, ingénieur et courtier de commerce. Sous les noms de Young, de Fleursen, d'Antoiny, il s'est fait poursuivre à Berlin et à Vienne.

En 1864, il a été gravement compromis au moment de l'émission des fausses valeurs du Crédit foncier de Varsovie.

Présent à Paris, il a, sans y participer, suivi les événements du siège et de la Commune de 1870-1871. Il a bien pu, comme tant d'autres, se livrer à l'espionnage. On voit donc qu'il était assez difficile de lui préciser une profession. Mais, où il déploya une habileté remarquable, c'est dans le maniement des faux billets d'Etats.

Cet escroc, ce voleur, cet être malfaisant et nuisible a été tout à la fois l'instigateur, le correcteur, le propagateur, le dénonciateur des faux billets d'Etats fabriqués par des ouvriers à sa solde et dont quelques-uns ne participèrent à ce travail que pour se tirer de la misère.

Et c'est à une pareille canaille que M. de Kamensky avait confié des missions délicates. Il est vrai qu'il fut atterré par le maintien en prison de son employé ; il se sentait d'autant plus profondément atteint que son honneur pouvait être mis en cause, car pendant plus de six années il avait sans contrôle accepté de ce bandit des rapports fallacieux. Qu'allaient aussi penser de lui ses collègues du conseil d'Etat, qui depuis ses premières réussites n'avaient cessé de vanter son esprit de suite et sa perspicacité ? Eh bien, du jour où il laissa Bourbaud diriger les recherches relatives à la falsification des faux billets d'Etats, M. de Kamensky perdit peu à peu sa finesse de pénétration, il devint le jouet de cet homme d'affaires d'une intelligence commerciale supérieure à la sienne.

M. de Kamensky était évidemment au-dessus du soupçon et je n'entendis plus parler de lui qu'en 1877-1878, au sujet de faux billets d'Etats russes qui auraient été mis en circulation par Tscherniadieff et sa maîtresse. Enfin, à l'audience de la Cour d'assises de la Seine du 24 janvier 1880, le président M. de Buschères lut la déposition de M. de Kamensky relative au Russe Michel Massiaguine, qui s'intitulait « commissionnaire de la cour de S. A. I. monseigneur le grand-duc Constantin ». Il était accusé d'émissions de faux billets roubles de 25 francs chez divers banquiers parisiens.

Le jury acquitta Massiaguine.

Le 10 mai 1882, il y eut encore à Paris une razzia de faussaires russes, opérée par les commissaires de police Aragon, Dodiau, Thomas de Colligny et Fouqueteau, qui saisirent dans la maison de change de leurs quartiers des faux billets roubles émis par les Polonais Isaac, Elias, Abraham, Braudt et consorts. Ces étrangers logeaient dans les garnis des rues de Rivoli, des Juifs, de la Roquette et Saint-Antoine. L'été, ils se rencontraient au bois de Vincennes et l'hiver sur la place de la Bastille.

Grâce à l'énergie des poursuites, cette opération a de beaucoup diminué en France l'émission des fausses valeurs de la Banque de Russie.

Et maintenant voici l'épilogue de cette grande association dite « Polonaise », unique en son genre.

Le tribunal criminel d'Yverdun, par arrêt du 14 septembre 1872, condamna Dowmond-Matuzewiez, Kuberski, Vincent Schumowski et sa maîtresse Mârion Wickars à chacun deux années de réclusion.

Le graveur Malagowski mourut, pendant sa prévention, d'une maladie de poitrine.

Quant à Bourbon dit Bourbaud, pour ses étrennes, il se pendit le 1er janvier 1872, dans la prison de Lausanne.

CONCLUSIONS

Depuis l'année 1871, je fais une collection de tous les genres de méfaits et si riche qu'elle soit déjà, je l'augmente annuellement. Les chevaliers de l'escroquerie professionnelle fournissent à mes études un aliment particulier. Pour mieux duper les honnêtes gens, ils suivent les découvertes de la science et profitent autant que la police des avantages du progrès.

Le public généralement ne tient pas assez compte des avis de la presse qui cherchent à le mettre en garde contre les pièges tendus à sa crédulité. Je comprends, j'admets même qu'on se laisse prendre à certaines escroqueries, car il en est de tellement ingénieuses qu'elles sont de purs chefs-d'œuvre. Aussi, bien rare est celui d'entre nous qui n'a point été la victime d'adroits filous, de ceux surtout qui, pour faciliter leurs manœuvres frauduleuses, savent se parer du voile de l'honnêteté et mettre habilement en jeu les personnalités les plus élevées dans les lettres, les sciences, les arts, la politique, la magistrature et le clergé.

Mais il est surprenant de voir que les escroqueries d'une simplicité enfantine se renouvellent sans cesse avec succès. Si les malfaiteurs changent de noms, les procédés restent les mêmes.

Il y a eu, il y a encore de nos jours des escroqueries colossales telles que l'héritage chimérique des Crawfort dont s'est servi la famille Humbert pour faire de nombreuses dupes ; il y aura toujours de beaux types d'aventuriers aigrefins, tels que Scanderberg, Bustelli-Foscolo, Ostanick der Marcariantz, Tscherniadieff, qui ont su perfectionner l'art de tromper les grands et les petits. Ils ont, par leur fertilité d'imagination, réalisé le modèle parfait du rastaquouère moderne.

Scanderberg et Bustelli-Foscolo, nés avec la bosse de la filouterie, s'étaient au début de leur jeunesse affublés de noms historiques qu'ils promenaient à travers l'Europe. Lorsqu'ils sentaient que des doutes planaient sur leur identité, ils se plaignaient aux autorités afin de détourner les soupçons, gagner du temps, et se mettre au besoin hors des atteintes de la police. N'ayant jamais connu les formalités régulières de l'état civil, ils ont, à défaut de pièces originales, présenté au cours de leurs procès des copies d'actes faux qui, après avoir séjourné longtemps dans les greffes des tribunaux civils et judiciaires de l'Angleterre, de l'Italie et de l'Espagne, finissaient par prendre un certain caractère d'authenticité.

Outre le sentiment d'actualité que possèdent les escrocs, ils ont celui de l'audace qui ne connaît pas de limite.

Scanderberg ne vécut que sur ses dettes, et Bustelli-Foscolo sur ses projets.

Ostanick der Marcariantz fit à ses juges cette réponse ironique : « Mes ressources, sont les reconnaissances du Mont-de-Piété ».

Quant à Tscherniadieff, il s'ouvrit à l'aide de la pyrotechnie de larges crédits : ses feux d'artifice, sur le lac de Genève, resteront légendaires.

On pourrait qualifier ces nobles de contrebande du titre de « princes des filous » ; avant eux, personne n'avait donné de pareilles proportions à l'escroquerie ; mais depuis, nous avons eu, parmi les escrocs renommés, Mary Cliquet et Allmayer.

Mary Cliquet fut tour à tour soldat, aide de camp, employé de chemin de fer, notaire, journaliste, auteur dramatique, maire, médecin-major, cabotin, directeur du théâtre Cluny, et faussaire. Il portait indûment à sa boutonnière une rosette multicolore, composée des ordres : du Sauveur, de la Grèce; du Christ du Portugal; de Charles III d'Espagne, et de la Couronne d'acier, d'Orélie Ier.

Au mois d'avril 1883, la Cour d'assises de Périgueux le condamna aux travaux forcés à perpétuité.

Eugène Allmayer, âgé de vingt-neuf ans, a été le véritable Protée de l'escroquerie. C'est lui qui le premier utilisa d'une manière fort habile les services que le téléphone pouvait rendre aux malfaiteurs. Il le mit à la mode. Ses métamorphoses et ses évasions défièrent la sagacité de la police de sûreté, jusqu'au moment où, par un manque de mémoire, il fit effondrer l'échafaudage de toutes ses ruses. La profession d'escroc n'admet pas de défaillance.

Le 11 juin 1888, la Cour d'assises du département de la Seine le condamna par contumace à vingt ans de travaux forcés, pour faux en écritures publiques et usage de faux. Il fut, cette même année, arrêté et jugé de nouveau.

Mary Cliquet et Allmayer ont exploité leur coupable industrie à Paris. Ils ne peuvent être classés parmi ces aventuriers ambitieux qui aspirent au bonheur de s'asseoir sur un trône. Bonheur illusoire peut-être, et réservé seulement à un petit nombre de mortels.

Lorsque j'ai demandé à Bustelli-Foscolo l'histoire de sa vie aventureuse, il m'a répondu : « On peut avoir une existence pleine d'aventures sans être un aventurier », et il m'a cité Orélie Ier.

D'autres ont voulu imiter ce roi d'Araucanie, à qui d'ailleurs la royauté n'a pas réussi. Ils ont découvert des îles désertes, des terres libres où ils devaient, en futurs souverains, réaliser le rêve d'harmonie sociale : détruire la misère, établir l'égalité et la justice.

Nous avons eu comme exemple :

1° Jules Gros, qui, en 1887, se fit nommer à vie président de la République de Counanie. La possession de cet État, dont le vaste territoire est situé dans l'Amérique du Sud, est depuis deux siècles contestée par la France et par le Brésil.

Le premier soin de Jules Gros fut de créer un ordre de chevalerie : « l'Étoile de Counanie », dont le succès lui assura beaucoup de partisans. Au mois d'août 1888 il voulut aller exercer ses pouvoirs, mais au lieu de gagner la Guyane il fut débarqué sur les bords de la Tamise.

La république et la décoration de Counanie avaient vécu !

2°. Sous le nom de Marie Ier, David de Mayréna, d'humeur aventureuse, se fit proclamer au mois de juin 1888 roi des Sedanys, pays situé entre le Siam et l'Indo-Chine. Il est mort dans cette contrée, d'une morsure de serpent.

3° Le baron Harden-Hickey, fondateur à Paris du *Triboulet*, gazette satirique ayant la spécialité des caricatures sur M. Jules Grévy, président de la République, a, lui aussi, après bien des tribulations, voulu essayer de la souveraineté. Sous le nom de James Ier, il s'intitula roi de la Trinité en prenant possession d'une île inhabitée sur la côte du Brésil, où il mourut assez tristement.

Mais l'une des plus colossales escroqueries fut celle pratiquée par ce prétendu marquis de Rays, qui créa son royaume sur un rocher sans culture, peuplé d'anthropophages et de reptiles. Il s'était en Océanie, dans la Nouvelle-Zélande, rendu soi-disant propriétaire de terrains qu'il avait baptisés « Port-Breton ». Cimetière Breton eût été plus exact; car, alléchés par des prospectus fallacieux, les pauvres émigrants embarqués pour ce pays de cocagne se débattirent contre la fièvre, le scorbut et la dysenterie. Ceux qui par miracle échappaient à ces terribles fléaux étaient dévorés par les indigènes, heureux de satisfaire leur goût de chair humaine.

Cette colonisation de Port-Breton, organisée par ce sinistre drôle qu'était le faux marquis de Rays, est une histoire lamentable et tragique. Il avait assuré aux émigrants « une réception chaude et paternelle ». Il l'eurent en effet : après les tortures de la faim, ils furent rôtis et mangés.

On le condamna, pour escroqueries et faux en écriture, à cinq années de réclusion.

Tous ces propagateurs de contrées superbes mirent en actions leur apparence de gouvernement pour se procurer des fonds; ils voulaient, affirmaient-ils, s'unir à la France par des liens d'amitié et accomplir la fusion morale et commerciale des peuples. En réalité, ils ont mystifié un certain nombre d'ambitieux, semé des victimes sur leur chemin d'aventuriers et suscité beaucoup d'ennuis à notre diplomatie.

Nous traversons une époque de cosmopolitisme à outrance, et les portes des salons de la bourgeoisie possédante, désireuse de paraître et de s'anoblir, se sont grandement ouvertes aux Scanderberg, aux Bustelli-Foscolo et autres chevaliers d'industrie; cette même bourgeoisie, aimant à s'entourer de noms titrés, accueille sans contrôle, le plus souvent sur une notoriété de mauvais aloi, des individus dont on connaît à peine la surface. Les invitations deviennent trop faciles et trop nombreuses pour être bonnes; aussi, bien des gens, malgré leurs mésaventures galantes et judiciaires, peuvent-ils s'introduire dans ses salons et reparaître sous une situation nouvelle pour y cotillonner en famille.

Je disais récemment à la veuve d'un membre de l'Académie de médecine, qui était venue me consulter au sujet de son témoignage dans une affaire de mœurs : « Ne répondez pas de cet homme; son passé est douteux ; vous vous engageriez dans une mauvaise voie ». Il m'a été présenté, me répondit-elle, par des amis de mon mari, et c'est malheureusement au fond du bois attenant à ma propriété qu'il a commis des actes répréhensibles.

Ces répondants-là, ajoutai-je, ne le connaissaient guère; ils se sont portés garants d'un escroc arrêté plusieurs fois, et qui, chose curieuse, était toujours chaussé de la même façon : une jambe couverte d'un bas de femme, et l'autre d'une chaussette d'homme. En 1883, il était le commensal de ce milliardaire baron prussien qui, par plaisanterie, racontait que son immense fortune reposait sur des *actions* qui auraient envoyé de pauvres diables au bagne. Et le misérable ne mentait pas.

Mais, reprit cette dame, « on ne peut pas, indiscrètement, fouiller dans le passé des personnes qui vous sont présentées ».

Certes non, dis-je en terminant; sans tolérance on ne verrait personne et bien des salons resteraient déserts. Les relations s'augmentent, l'amitié diminue.

Troncin-Dumersan et Hugelmann disaient souvent : « La vraie démocratie, c'est de fraterniser avec tout le monde » ; et encore : « La poignée de main sert de trait d'union ». Aussi ont-ils compté beaucoup d'amis... même en prison. Cette démocratie-là exclut la bonne éducation et aboutira au relâchement général. Et que de poignées de mains se sont égarées! On rappelle toujours celle que le roi Louis XVIII donna, dans la cour du Carrousel, à l'ex-forçat Pierre Coignard, dit comte Pontis de Sainte-Hélène, aventurier et fripon célèbre. Puis, celle que Louis-Philippe octroya, au milieu d'une salle d'exposition, au voleur Vidocq, qui, resté *industriel*, offrait à l'attention de ses concitoyens des clés de sûreté. Eh! bien, de nos jours des présidents de la République ont offert la main à des Ostanick der Marcariantz, à des Tscherniadieff, à des escrocs se disant ambassadeurs de ces plus ou moins faux souverains exotiques qui servent d'attraction aux expositions universelles, trop généralement répandues en Europe. Ces fabuleux délégués du Fouta-Djallon, de Tombouctou, de la reine de Taïti, s'exhibent, reçoivent des cadeaux et se font héberger gratuitement, sur la présentation de lettres de créance si extraordinaires qu'elles sont intraduisibles; ce qui laisse croire à leur parfaite authenticité.

Il est incontestable que, par ses allures, le grand monde de la finance représente aujourd'hui la noblesse d'autrefois. Il sait, par des coups de Bourse, agioter, escompter, encaisser et monopoliser sans déplacement de fonds, et souvent sans argent.

M. Gauthier de Clagny, dans le remarquable e

très documenté discours qu'il a prononcé à la Chambre des députés, le 8 mars 1898, au sujet de la loi sur les finances, nous a montré la Bourse infectée par un élément antinational ; il a constaté qu'il y a cent seize maisons de coulisse, dont cinquante-huit sont dirigées par des étrangers ou des naturalisés et que sur trois cent quarante-neuf commanditaires, cent trente-huit sont nés hors de France.

M. Gauthier de Clagny a eu le courage de signaler un pareil état de choses, et j'ajoute avec lui que nous avons beaucoup trop de ces financiers suspects qui, à l'abri de toute inquiétude, viennent nous voler des millions. Méfions-nous : ceux-là ne connaissent ni République ni patrie.

En attendant l'abolition des frontières, la fraternité universelle, la venue de l'âge d'or, nous avons la féodalité de l'argent, le règne du cosmopolitisme ; et comme les gredins seront toujours plus habiles que les honnêtes gens, il y a lieu de leur barrer la route par l'organisation d'une police internationale qui, bien comprise, paralysera les méfaits de tant d'audacieux malfaiteurs. N'a-t-elle pas déjà le téléphone, le télégraphe, le service d'identification, comme puissants auxiliaires ? Il faut les employer contre ces voyageurs en escroqueries qui deviendront moins dangereux, car, en signalant leurs déplacements, on les rendra plus saisissables.

Je n'ignore point que la diversité des lois, des usages, des mœurs de chaque nation augmente les difficultés et facilite les méfaits de l'armée du mal. On peut citer à ce sujet la juridiction anglaise, qui ne considère pas comme complices les recéleurs d'objets dérobés. On a pu s'emparer du fameux colonel Gaston, le voleur de Mme Gros-Chauvet, et l'opération eût été complète si on avait pu atteindre le dépositaire de ses bijoux.

A la suite d'un vol important de titres, commis dans une société financière, la police française parvint à mettre la main sur le filou, réfugié à Londres. Cette fois, la personne en possession des valeurs, au lieu de servir, selon l'habitude, d'intermédiaire entre le voleur et le volé, apporta le paquet d'obligations et, le déposant sur le bureau du tribunal, déclara qu'elle ne voulait plus être complice des malfaiteurs. Que fit le président? Il condamna sévèrement le coupable; mais, étant resté muet sur la restitution des titres, l'avocat de la partie lésée eut une inspiration géniale : il attendit le départ du tribunal, s'empara du paquet de valeurs et... se retira.

Plusieurs vols assez sérieux ont eu pour victimes des notabilités anglaises. Le dernier remonte au 18 octobre 1898 et touche la duchesse de Sutherland. Sur la ligne des chemins de fer du Nord, un adroit pickpocket enleva du compartiment qu'elle occupait un coffret contenant 500,000 francs de bijoux. Il s'empressa de les porter à une de ces agences interlopes qui fonctionnent à Londres et servent à proposer aux volés d'étranges négociations. Au moment où j'écris, l'affaire est pendante, et l'on compose entre le voleur arrêté et les recéleurs. Est-ce bien moral, et cela ne donnera-t-il pas sérieusement à réfléchir aux jurisconsultes anglais?

Prendre les voleurs, c'est très bien; mais s'emparer des valeurs soustraites serait encore mieux. Question de voyelles, dira-t-on? Elle a son importance. Au choix, l'exploité n'hésitera pas : il laissera le voleur impuni, et reprendra ses valeurs.

Mais où la jurisprudence m'a paru défectueuse, c'est en matière d'altération des billets d'États et des titres mis en circulation sur les marchés financiers. C'est surtout en faveur des étrangers qu'il intervient des non-lieu, des acquittements basés sur des questions d'incompétence et de droits internationaux.

Les délits, les crimes varient d'intensité selon les latitudes, a proclamé à l'audience de la police correctionnelle Me Pourtalès, défenseur d'Ostanick der Marcariantz. Cependant les nations civilisées auraient intérêt à se solidariser contre le péril commun, qui peut, à un moment donné, affaiblir le crédit de leur papier-monnaie.

Si les polices allemande, anglaise, autrichienne, française et suisse, ne s'étaient pas mises d'accord, on n'aurait pas eu facilement raison de Bourbaud, l'inventeur sur une large échelle du procédé de fabrication des faux billets d'États; ce qui a permis à ses imitateurs de fournir à des aventuriers du genre de Tscherniadieff les moyens d'écouler à travers l'Europe un certain nombre de faux roubles.

N'y aurait-il pas lieu aussi de rayer de notre Code pénal l'article 138, ainsi conçu :

« Les personnes coupables de crimes mentionnés en l'article 132 (fabrication de fausse monnaie) seront exceptées de ces peines si, avant la consommation de ces crimes et avant toutes poursuites, elles en ont donné connaissance et révélé les auteurs aux autorités constituées, ou si même, après les poursuites commencées, elles ont procuré l'arrestation des autres coupables. »

A l'audience de la Cour d'assises des 7 et 8 mai 1886, un nommé Gibard l'initiateur et le propagateur d'une fabrique de faux billets de Banque de France, en désaccord avec ses complices, Lemire et Roger, les fit arrêter et condamner à cinq et six ans de réclusion. Gibard fut acquitté et bénéficia de ce fameux article 138. Il avait été le principal artisan de l'œuvre des faux billets et l'organisateur de l'atelier qu'il signala ensuite à la police.

On s'étonne qu'un gouvernement républicain maintienne encore cette disposition immorale qui, tout en accordant une prime à la délation, facilite les manœuvres criminelles des Bourbaud et des Gibard.

Il y aurait peut-être aussi lieu de modifier dans un sens plus rapide la procédure relative aux extraditions, en mettant plus directement en communication les polices des grandes nations. Je me souviens des difficultés qu'il a fallu surmonter pour livrer à l'Angleterre Marguerite Dixblanc, servante de la dame Riel, mère de l'actrice de la Comédie-Française. Le dimanche 7 avril 1872, à Londres, elle étrangle sa maîtresse, s'empare de l'argent, des bijoux, et se rend à Paris, où elle est arrêtée par l'inspecteur de la sûreté Raviart. Comme elle est née en Belgique, elle tient à s'y faire juger, n'ignorant pas que la peine de mort n'existe dans ce pays qu'à l'état platonique. Le crime ayant été commis à Londres, les autorités anglaises exigèrent son extradition, attendu que la meurtrière s'était reconnu coupable. Réclamée tour à tour par la justice belge et par la justice anglaise, on finit, après un échange de correspondance diplomatique internationale, par conduire Marguerite Dixblanc en Belgique, d'où le gouvernement l'expédia à Londres. Là, elle fut condamnée à être pendue. La reine Victoria commua sa peine en celle de la « servitude pénale à perpétuité ».

Si, pour les assassins, tant de difficultés surgissent, on devine celles encore plus nombreuses nécessaires à l'extradition de complices ou d'inculpés, simplement coupables d'escroqueries ou d'abus de confiance qualifiés. Genres de délits toujours discutables.

On compte beaucoup trop d'étrangers parmi les gens s'occupant d'affaires financières et qui, s'étant fait naturaliser un peu partout, ne servent sous aucun drapeau; s'abstenir des servitudes militaires, tel est leur objectif. Il y a là un grand abus et une lourde faute! Faisons donc en sorte que la naturalisation ne soit plus accordée avec autant de facilité à des intrus, à des assassins même comme l'Italien Carrara, mais devienne la récompense méritée pour des services rendus à la France.

Quant à nos tribunaux, ils ne se montrent pas assez sévères pour ces étrangers, aux états civils inconnus et qui sont en révolte secrète contre l'organisation de notre société.

Dans ce volume d'études le lecteur peut se souvenir du jugement que j'ai relaté, rendu en faveur de Scanderberg, et condamnant trois journalistes, MM. de Villemessant, Magnard et Tarbé ; cependant, cet aventurier n'était qu'un filou étranger.

Quel avantage la justice avait-elle donc d'user d'indulgence envers lui lorsqu'elle garde en prévention des Français d'origine et reconnus innocents ?

Il n'entre pas dans mon dessein d'incriminer contre tous les étrangers. Les Français seront toujours heureux d'offrir une courtoise hospitalité à ceux qui, dans notre pays, tiennent à honneur de s'y conduire correctement, selon nos lois, nos coutumes et nos mœurs. Mais ne craignons pas de rejeter les individus qui se croient tout permis, et n'apportent, en participation à notre vie nationale, que leurs tares et leurs vices. Ils sont trop chez eux, chez nous ; n'oublions pas que ce sont nos hôtes qui, au moment de l'Année terrible, nous ont vendus. Que l'autorité supérieure use énergiquement de son droit de faire vivement franchir la frontière à ces prétendus grands seigneurs, qui organisent de vastes filouteries où figurent des îles chimériques pourvues de mines de diamants, d'or et d'argent. Il ne faut plus que Paris soit une ville cosmopolite et le paradis des malfaiteurs étrangers.

TABLE DES MATIÈRES

Pages

INDEX

INDEX DES NOMS CITÉS

A

B

C

D

E

F

G

H

I

J

K

L

M

N

O

P

Q

R

S

T

U

V

W

Y

Z

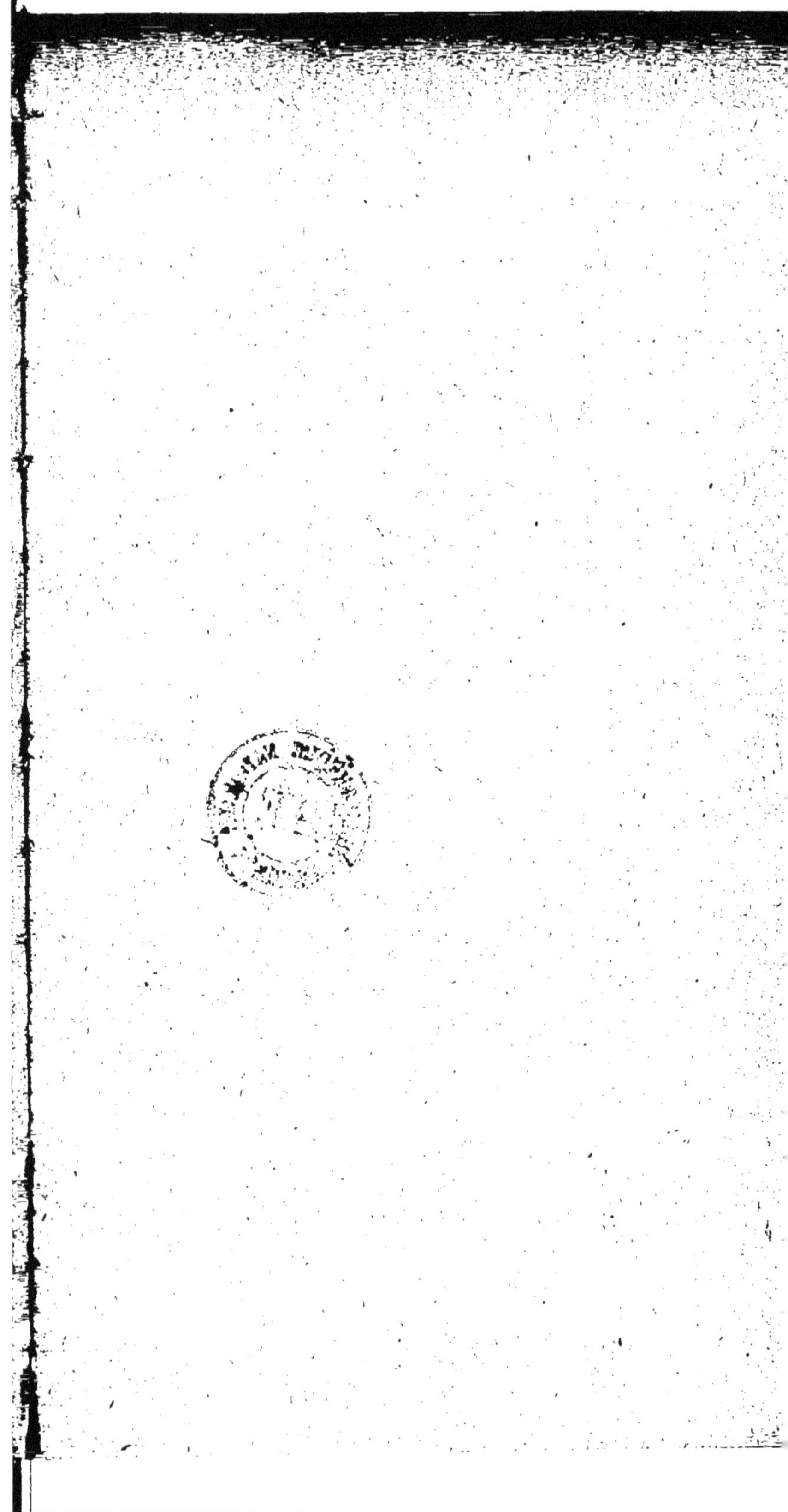

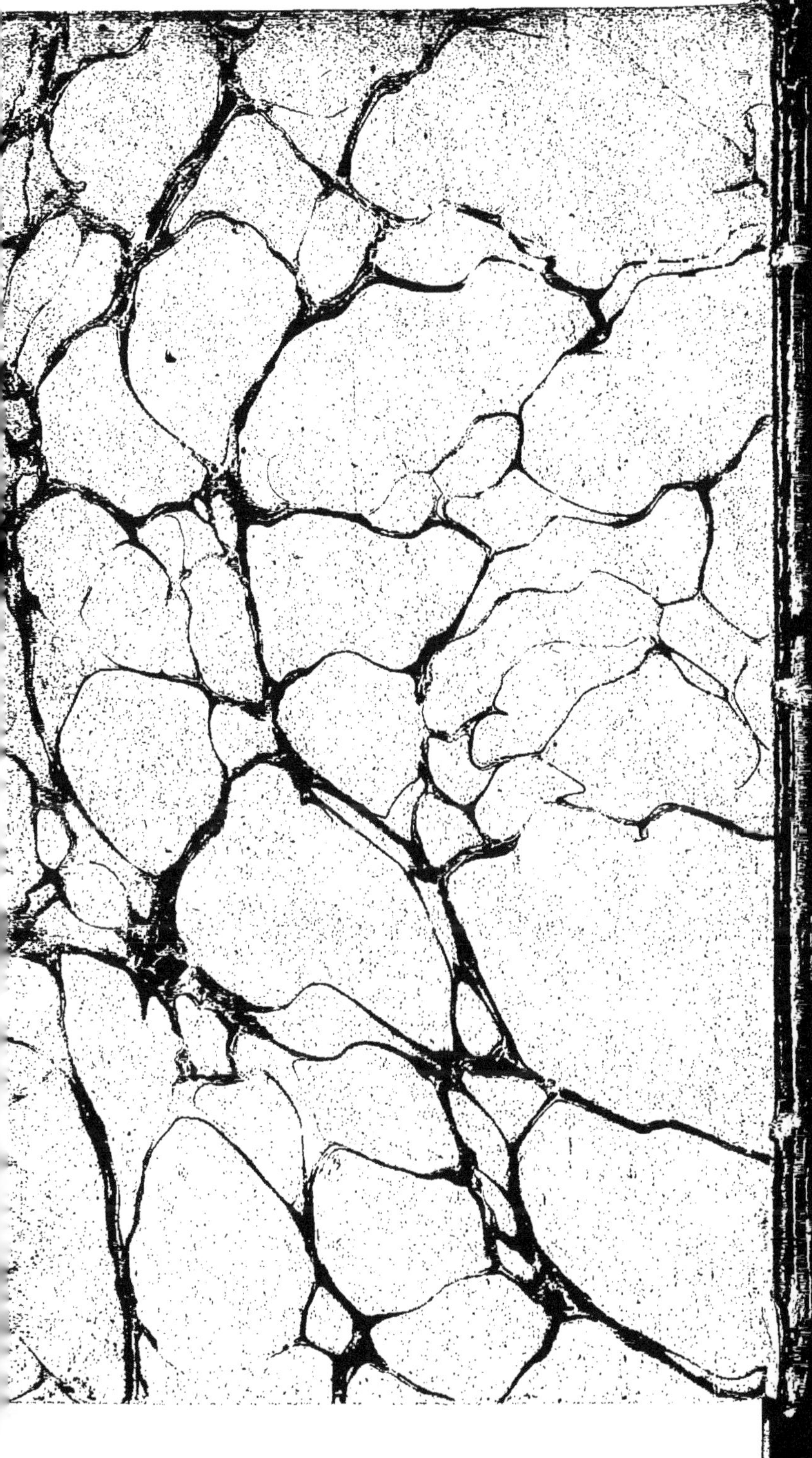

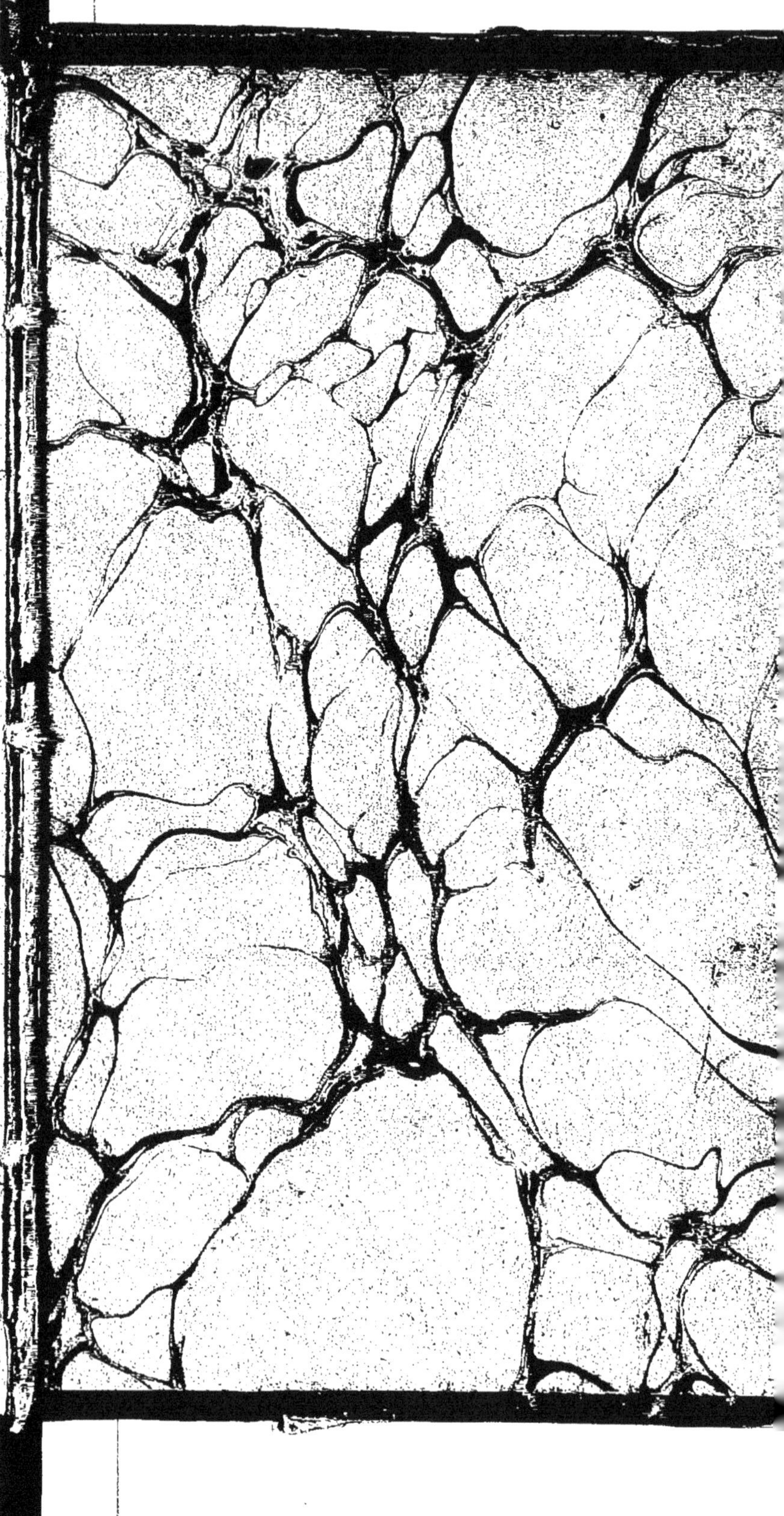

www.ingramcontent.com/pod-product-compliance
Ingram Content Group UK Ltd.
Pitfield, Milton Keynes, MK11 3LW, UK
UKHW012155240726
13966UKWH00002B/355

9 782C